宮口幸治／松浦直己［著］

教室の
「困っている子ども」
を支える**7**つの手がかり
この子はどこでつまずいているのか？

明石書店

はじめに

　現在、我々は学校コンサルテーションとして幼稚園から小学校・中学校にうかがう機会がありますが、各学校園では、子どもの発達や学習の遅れ、発達障がい、粗暴行為、親の不適切養育などの問題が入り混じり、先生方が奮闘されておられる様子をいつも身近に感じております。問題の深刻さも年々増し、それらに対してどう対応したらよいのかといった課題は山積みであり、現場の先生方の疲労はピークに達しているのではないでしょうか。

　ところで、コンサルテーションを続けていくうちに、それぞれの地域性や校風、子ども達の特性は皆異なるのですが、受ける相談内容には同様の問題点が重複していたり、またいくつかの共通点もあることに気がつきました。そしてそれらを分類すると大きく７つの課題に分かれました。それが本書でご紹介する「困っている子どもを支える７つの手がかり」です。

　"困っている子ども"のどのような課題もこの７つのいずれかに、もしくは複数に分類することができると思われます。本書では、この７つの分類に沿って、それぞれ３〜９題ずつ代表的なケース事例を挙げ、児童精神医学と教育学の両方の観点から考えられる問題の背景と具体的な対応策について提案しました。さらに、各事例につけたイラストで"困っている子ども"を視覚的にもイメージしやすくしました。

　子どもを正しく知り、それに対してどんな支援をすべきかを考える上でこの"７つの手がかり"がお役に立てれば幸いです。また本書は学校現場の先生方を対象に書かせていただいておりますが、お子様を理解する上で保護者の方々にも十分に参考になるかと思います。

　最後になりましたが、本書企画段階から真摯に本書の趣旨に賛同し、何度も推敲の助言をいただいた明石書店編集部の森本直樹氏に深く感謝申し上げます。

　2014年2月

著者を代表して　宮口幸治

もくじ

教室の「困っている子ども」を支える7つの手がかり

はじめに 3

Part 1　困っている子どもを支える7つの手がかり……………7

Part 2　7つの手がかり……………13

手がかり①　行動が落ち着くための手がかり　　　　　行動面

1　うまくいかないと物に当たります……………14
2　時間が守れません……………16
3　集団に入れません……………18
4　善悪がわからない行動をします……………20
5　すぐにお喋りして周りに迷惑をかけます……………22
6　何事も行動が遅いです……………24
7　忘れ物が多いし、整理整頓が苦手です……………26
8　じっと座っていられません……………28
9　興味がないことには動きません……………30

手がかり②　気持ちが落ち着くための手がかり　　　　　感情面

1　すぐにキレます……………32
2　感情の起伏が激しいです……………34
3　感情表現が苦手です……………36
4　気持ちの切り替えが苦手です……………38
5　人の気持ちがわかりません……………40

手がかり③　前向きな考え方ができるための手がかり　　　　心理面

1　あの子ばかりひいきするって言う子がいます……………42
2　思い込むと周りの言葉が耳に入りません……………44
3　すぐに被害的になります……………46

4　すぐに諦めます……………………………………………………48
5　よく嘘をつきます…………………………………………………50
6　何事にもやる気がありません……………………………………52
7　嫌なことを断れません……………………………………………54
8　自分のことを棚にあげて人を責めます…………………………56

手がかり④　勉強で困らないための手がかり　　　認知面
1　説明したばかりなのにすぐに聞き返します……………………58
2　なかなか漢字が覚えられません…………………………………60
3　黒板の文字をノートに正確に写せません………………………62
4　計算ミスが多く、数の概念が理解できません…………………64

手がかり⑤　身体がうまく使えるための手がかり　　　身体面
1　手先の使い方が不器用です………………………………………66
2　物によくぶつかる、左右がわからない…………………………68
3　力加減ができません………………………………………………70

手がかり⑥　保護者とうまく協力するための手がかり　　　保護者協力
1　問題を親にどう伝えたらいいかわからない……………………72
2　問題を認めようとしない親がいます……………………………74
3　家庭での指導はどうすればいいのでしょう……………………76
4　他の子の親にも理解して欲しいです……………………………78
5　家庭環境が不明です………………………………………………80

手がかり⑦　支援者連携がうまくいく手がかり　　　支援者連携
1　これは虐待でしょうか……………………………………………82
2　児童相談所が支援してくれない…………………………………84
3　自分が担任のときは問題なかったのに…………………………86
4　親にも障がいがあるのでは………………………………………88

Part 1

困っている子どもを支える7つの手がかり

学校で、ある子ども（例えばA君）にすぐにキレて暴力をふるうといった行動があったとします。暴力行為は問題であり、A君に暴力をやめさせるためにどう対処したらいいかといった話になるでしょう。A君を厳しく叱る、その場から移動させる、などが思い浮かぶかもしれません。
　ところで、暴力の直接のきっかけには、"怒り"といった感情があります。他にも"びっくりして"手が出たとかもありますが、やはり"怒り"が一番多く、問題にもなるでしょう。

▶ 怒りの原因

　では"怒り"の原因は何でしょうか？　私たちはどのようなときに"怒り"を感じるでしょうか？　世の中の不正に対して"怒り"を感じるというような場合もありますが、それは正義感であり身近な対人関係で問題にはなりません。ここで扱うのは日常生活において問題になる"怒り"です。学校の子どもたちに多く、しかも対人トラブルのもとになるのが、"馬鹿にされた""意地悪された""自分の思い通りにならない"といったものです。これらはそれぞれ個人の思考パターンと言われるものです。
　例えば、A君とB君がCさんから、「それは違うよ」と言われたとします。これをB君は「Cさん、親切にありがとう」と考えるのに対し、A君は「うるさい、馬鹿にしやがって」と考えるとすると、同じ「それは違うよ」と言った声かけに対し、好意的に受けとるか、被害的に受けとるかはそれぞれの思考パターンなのです。どちらが"怒り"につながるかは容易に想像できると思います。

　ではA君の被害的な思考パターンはどうやって生まれるのでしょうか？
　それまでの対人関係のあり方（イジメ被害を受けていたなど）などいくつかの要因がありますが、その大きな土壌の一つにA君の"自信のなさ"が関係しています。自分に自信がないと「また俺の失敗を指摘しやがって」「どうせ俺なんていつも駄目だし…」とどうしても他者の言葉を好意的に受け取れないのです。

　A君の自信のなさには、例えば次のようなことが考えられます。

・いつも失敗ばかりしてしまう
・いつも先生や親から注意される
・勉強ができない
・運動が苦手
・対人関係が苦手
・イジメに遭っている
・家庭内が不安定

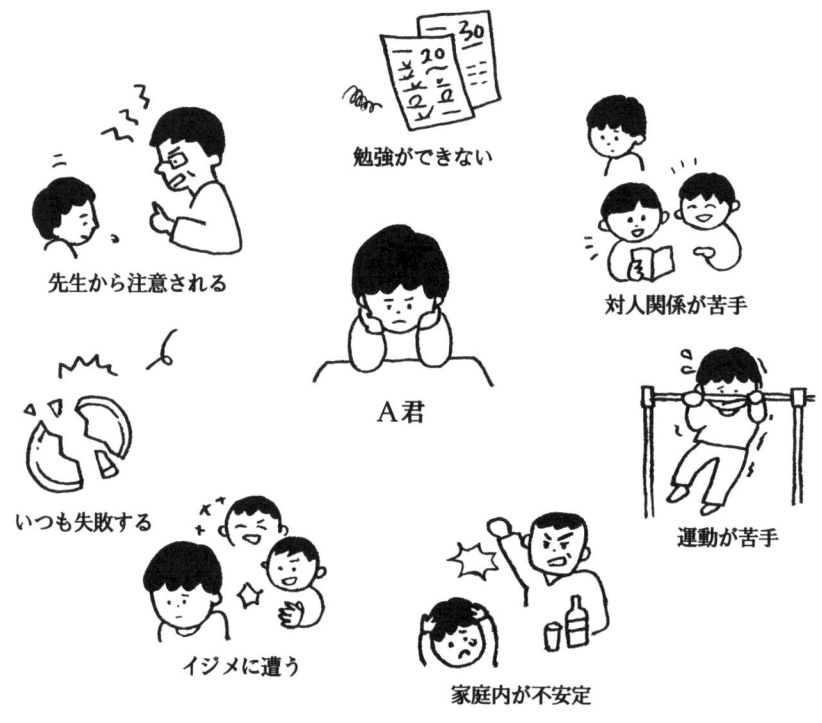

　そしてこれらが生じる背景の一つとして発達障がいや知的障がい、虐待などがある可能性があるのです。子どもが"すぐキレる"といった行動一つみても複数の要因が絡み合っています。また子どもだけの問題ではなく保護者の協力も必要になってきますし、支援者同士のスムーズな連携も欠かせません。すぐにキレて暴力をふるってしまうA君にはこのような背景がつながっていたとすれば、A君をどう支援するとよいでしょうか？　単に叱って暴力をやめさせるだけでは不十分であることがおわかりになると思います。

　そこでこれまでに述べたA君の暴力に至った背景を段階的に整理し、それらを、どのような視点からみればいいのかを次の7つ（行動面、感情面、心理面、認知面、身体面、保護者協力、支援者連携）に分類してみました。わかりやすく層状に図示すると図1のような水面モデルになります。水面

上に見えるのは暴力だけですが、水面下には様々な問題が隠れているのです。

　最下層の発達障がい、知的障がいなどは診断、心理検査、投薬治療などが必要なこともあり、学校のみで解決するのは困難な場合もあります。そういったケースは医療機関等との連携も要しますが、それより上の層については、学校で子どもや家庭の状態を見立てたり、具体的な対応が可能な部分と思われます。本書ではそこに焦点を当てています。

図1　すぐキレて暴力をふるう子どもの水面モデルの一例
"暴力"といった不適切行動の下には様々な問題がある

層	分類	手がかり
暴力	①行動面	←行動が落ち着くための手がかり
怒り	②感情面	←気持ちが落ち着くための手がかり
馬鹿にされている / 自信のなさ	③心理面	←前向きな考え方ができるための手がかり
認知機能の弱さ、対人関係が苦手、勉強ができない、よく注意される、運動が苦手、家庭内が不安定、虐待されている	(③心理面) ④認知面 ⑤身体面 ⑥保護者協力 ⑦支援者連携	←勉強で困らないための手がかり / ←身体がうまく使えるための手がかり / ←保護者とうまく協力するための手がかり / ←支援者連携がうまくいく手がかり
発達障がい、知的障がい、境界知能など		←医療機関、教育センター、児童相談所など

▶ 7つの分類

　以下に順に、7つの分類とそれらが結びつく子どもの様々な不適切症状についてご説明します。

　行動面は、直接的に問題となる子どもの行動様式ですが、暴力の他に例えば、落ち着きがない、忘れ物が多い、順番が守れない、などがあります。

　感情面は、子どもの情動面ですが、情動はすべての行動の動機づけに

なっています。そこで特に問題となるのは怒りや不機嫌といったものから、他者の気持ちが理解できない、などがあります。

心理面は、子どもの思考パターンです。思考パターンによって感情が左右され、行動に影響しますので、被害的な考え方、自信のなさ、思い込みの強さ、対人関係が苦手、などが問題になりそうです。

認知面は、見る力・聞く力・想像する力など認知機能に関する力であり、ここに問題があれば黒板が写せない、先生の説明が理解できない、漢字が覚えられない、など勉強全般が苦手といった面につながります。また勉強以外にも、友達との間で会話の聞き取りがうまくいかないと適切なコミュニケーションが取れず対人スキルにも影響を及ぼすこともあります。

身体面は、主に運動が苦手、手先が不器用、力加減ができないといった問題があり、これらは子どもの発達において、自尊感情の低下や周囲からのイジメの原因にもなります。

保護者協力では、保護者が子どものことを正しく理解できていない、子育てが空回りしている場合など、**支援者連携**では、子どもに対して当事者意識がなくなる、「協力してくれない」と支援者同士がお互いを責め合うなど支援者間の連携がスムーズにいかない場合などがあります。

子どもの様々な不適切症状についてこのように７つの視点（手がかり）からみることで、目の前にいる子ども達が今どの問題で困っているのかが理解しやすくなります。子どもへの支援に当たってはまず子どもの状況・背景を正しく"見立てる"ことがとても大切ですが、この"見立て"を誤ってしまうと支援の方向性が変わり、適切な関わりが難しくなることもあり得ます。例えばある行動を「ふざけている」とみるのか「助けを求めている」とみるのかで先生方の指導の方針は大きく変わってくるでしょう。

次章では、"７つの手がかり"に基づいて実際にみられるような困っている事例（こんな子がいませんか？）をあげ、それらの考えられる背景（こんなことが考えられます）、具体的な対処方法の提案（こんなふうに対応してみたら？）、留意点（ここにも注意！）の順でまとめました。

Part 2

7つの手がかり

- **手がかり①** 行動が落ち着くための手がかり
- **手がかり②** 気持ちが落ち着くための手がかり
- **手がかり③** 前向きな考え方ができるための手がかり
- **手がかり④** 勉強で困らないための手がかり
- **手がかり⑤** 身体がうまく使えるための手がかり
- **手がかり⑥** 保護者とうまく協力するための手がかり
- **手がかり⑦** 支援者連携がうまくいく手がかり

1

手がかり① 行動が落ち着くための手がかり

うまくいかないと物に当たります

手がかり①

 こんな子がいませんか？

先生「テストを返します」
A君「あー！　また100点じゃなかった！」
　A君はテストをくしゃくしゃにして破ってしまい、そしてB君の椅子も蹴飛ばしました。
B君「何するんだよ！」

 こんなことが考えられます

　テストが100点でなかったり、クラスで一番でなかったりすると、急に機嫌が悪くなって物に当たったり、怒りのあまり他の子どもに八つ当たりしてしまったりする子どもがいます。A君には次のような背景が考えられます。

▶ **特定のもの、人（子ども）、状況などに強いこだわりがある**

　A君なら100点の答案用紙という状況です。A君は100点を取ることもあるのですが、さすがに毎回満点ではありません。「100点でないといけない」というこだわりが強すぎて、95点でも98点でも受け入れられないのです。そのため100点以外の点数が返されると、一気に興奮して極端な行動

- 14 -

（答案用紙を破る等）をとってしまいます。

▶ 物に当たることで何らかの得がある

　例えば物に当たることで先生や皆が自分に注目してくれるといった場合です。しかし、このような不適切な行動パターンが常態化してくると、本人もどうしたらよいかわからなくなっていることもあります。先生もどんどんエスカレートしているのでは、と焦ってしまいます。

こんなふうに対応してみたら？

▶ 事前に予告をする

　こだわりに対しては事前に予告することが有効です。A君の場合、100点でない答案を返すときは、事前に知らせておくことです。例えば、返却する前に個別で「A君、次の時間にテストを返すけど、90点だったよ！頑張ったね。すごく難しいテストだったから、先生、A君の点数におどろいたよ。返してもらっても破ったりしないよね。もし間違いを直して、こんなふうに2つに折ってカバンに入れられたら、100点にしようかな」

　（もし適切に行動できたら）「A君すごいよ！　完璧だね。100点だね！間違いを直してカバンに入れているね」

　このように結果を事前に知らせておき、具体的にどう行動すればよいかを伝えることが重要です。一方、不適切な行動には過剰に反応せず、うまく行動できれば、さらに具体的に褒めましょう。このように向社会的な行動を定着させます。

 ここにも注意！

　「感情」と「行動」は密接に関係しています。特定の不快感情（多くの場合、怒りや屈辱感）が特定の不適切行動につながっているのです。不適切な行動パターンが繰り返されると不快感情も強化され、悪循環となります。教師としては、子どもの不快な感情がどのようなときに生じるかを観察し、その子特有のパターンを知っておくことが大切です。ただし、どのような行動が望ましいのか、具体的に教示したり、褒めたりして自信をつけていくことも重要です。

2

手がかり①　行動が落ち着くための手がかり

時間が守れません

こんな子がいませんか？

先生「休み時間が終わったら、すぐに教室に帰ってきてね」
A君「うん。わかった」
　しかしA君はほとんどの場合、遊びに夢中になっていて呼びに行くまで帰ってきません。

こんなことが考えられます

①時計が読めない

　小学2年生で時計の読み方を学びますが、知的に遅れがある子や算数が苦手な子の場合、時計を見て正確な時間を読み取ることができないことがあります。わかっているように見えて、実は分の読み方が曖昧であった、ということはよくあります。

②時間を守るというルールが理解できない

　大人からすると、時間を守るというルールは当然のことです。しかしこれは児童期からの長い習慣から定着した行動なのです。例えば、10時20分に教室に戻るためには、その数分前から時間を気にしておく必要がありますが、低学年の子どもにとっては難しい行動です。さらに子どもによっては、時間を守るということの重要性をそれほど認識していないこともあります。大人が厳しく時間を守らせようとすることを理解できない子どももいます。

③行動の切り替えができない

　ブランコや遊具が大好きで、"遊び"という自分の世界に入っていきやすい子どもの中には、チャイムや大人の声かけだけでは切り替えが難しい

こともあります。せっかく楽しく遊び始めたばかりなのに、それをやめて教室に入ることに強い抵抗を感じてしまうのです。

こんなふうに対応してみたら？

①では時計の読み方を練習します。子どもの認知発達からみて難しい場合は、「長い針が4までいったら、帰ってこようね」という指示も良いと思います。ただ、時計が読めないことで自尊心が傷つくこともありますので、配慮が必要です。

②では守るべき約束やルールをはっきりさせて、スモールステップで行動を定着化させることが必要です。「チャイムが鳴ったらすぐ教室に帰る」という約束（ルール）を文字や絵で示し、行動の目標をはっきりさせます。1人でできるようになるまで、先生と一緒に行動するほうがいいかもしれません。できたときは十分に褒め、約束を守ることが、その子にとっても快適である状況を設定することが重要です。ただ教室で時間を競わせるような設定は避けたほうがいいでしょう。特に競争的な環境だと、「負けることが大嫌い」な子どもにとっては、何とか一番になるために、極端な行動をとることもあります。

③では「ブランコ20回をしたら、教室入ろうね」とか、「この絵本を読み終わってからプリントやろうね」「時計の針が6までいったら片付けるよ」といった具体的な指示が効果的です。わがままな行動に見えたときこそ、叱るのではなく、こちらのペースに乗せてしまうような支援が望ましいと思います。

 ここにも注意！

「時間を守る」「約束を守る」「きまり（ルール）に従う」という行動は、長い時間をかけて定着していくものであり、これらは児童期の重要な発達課題であるといえます。発達に何らかの困難性がある子どもにとっては、大人が想像する以上に難しい課題なのです。子どもの発達段階をよく観察し、無理なく守られるような環境設定と支援が必要です。

3 集団に入れません

手がかり① 行動が落ち着くための手がかり

こんな子がいませんか？

先生「お昼休みに全員遊びしようか？」
　A君はみんなの遊びの輪に入れず、いつも1人ぼっちになっているか、ささいなトラブルでケンカになってしまいます。
先生（4年生の社会の授業で）「グループになって調べ学習をしましょう」
　またもA君はグループを作るときに折り合いがつかず、結局1人で調べてまとめようとしています。知識が豊富で上手にまとめられるのですが、協調することは得意ではありません。

こんなことが考えられます

▶ 社会性の発達の遅れ

　定型発達（普通の発達）とは、認知発達（主に学力）と社会性の発達が、バランスが良い状態を指します。一方で、発達の偏りのある子どもがいます。このケースでは、学力は学年相応なのに、同学年の友達とはうまくつきあえない、という行動面（特に社会性）の問題が目立ちます。体つきも学力も4年生相応、だけど友達とうまくいかない、というケースでは、社会性の遅れとか、社会性の発達の偏り、ということが考えられます。例え

ば、4年生の友達とはトラブルが多いが、2年生の子どもたちとはうまく噛み合っている、ということもあります。

　大人の立場からすると、学力が相応にあるのにどうして同学年の友達とうまくいかないのか、理解できないことがあります。そうすると、子どもの性格とか、親のしつけの問題であると判断しがちです。しかしその子の持つ発達の問題として捉える必要があるのです。

こんなふうに対応してみたら？

▶ 小集団活動を取り入れる

　友達とうまくいかない（集団になじめない）ことで一番苦しんでいるのは、その子ども自身です。まずはそこを十分に理解する必要があります。最初から大きな集団の中で活動させることは、本人の不安が大きくなりうまくいかないことが多いです。どのような学習活動も小集団（A君をよく理解してくれている友達を中心に）で活動することがいいでしょう。また"友達同士でグループを作ってやってみましょう"という作業は、学校ではよくありますが、A君のような特性を持つ子どもにとっては、かなり高度な課題です。ここでつまずくと後の活動までうまくいきません。グループ作りの際には、細心の配慮が必要です。

▶ その子のペースで活動できる時間や状況を確保する

　実際は4年生なのに、社会性では2年生ぐらいの発達段階にあるA君の場合、日々の生活は相当強いストレスにさらされているのです。そこを理解し、一日のうち、ある程度リラックスできたり、自分のペースで活動できたりする時間や状況を設定したいものです。

 ここにも注意！

　発達障がいに関する知識や理解が深まってきたため、「この子は自閉症ではないでしょうか」という相談が増えてきたと感じます。しかし教育に携わる立場で、自閉症とか、アスペルガー症候群であるとか、診断名を持ち出すことは必ずしも良いとは限りません。重要なのは、発達のつまずきがどこにあるかを評価することです。

手がかり① 行動が落ち着くための手がかり

善悪がわからない行動をします

 こんな子がいませんか？

（1）5年生のA君は、これまでにお店で万引きをして見つかっています。そのたびに両親と先生でじっくり話をして、もう二度としないことを約束します。しかし学級内でもペンや下敷きなどがなくなって、クラスの友達のなかには、A君を疑う子もいます。

（2）4年生のB君はカッとなると、鉛筆を折ったり、物に当たったりします。落ち着いているときは良い子なのですが、何度話をしても良い行動につながりません。また、カエルやイモリなどを捕まえてきては、踏みつぶすなどして残酷に殺してしまったことが何度かあります。やっていいこといけないことの判断ができていないようです。

 こんなことが考えられます

▶ **万引きする**

「どうしても欲しい物があって思わずとってしまった」という場合、まだ善悪の判断ができていなかったと考えられます。初めての場合なら、しっかり指導すれば道徳的判断力はついてくると思います。一方、常習化しているケースでは、盗むことに罪悪感を覚えていないこともあれば、スリルを楽しんでいることもあります。

▶ 生き物に対して残酷なことをする

　子どもは小動物などに興味を持つ反面、簡単に殺してしまうこともあります。低学年のうちは特別に異常な行動ではないと考えてもいいでしょう。「こんな残酷なことをして、将来どんな人間になるのだろう」と心配される先生や保護者の方もいらっしゃいますが、ほとんどの場合、深刻化することはありません。ただ、いろいろな動物（犬や猫など）にも残酷だったり、人に対しても冷酷だったりする場合は、特別な配慮が必要です。

こんなふうに対応してみたら？

▶ 叱るときはしっかり叱る

　危険な行動や、物を盗むといった行動に対しては、時には厳しく叱ることも必要です。その際、やった行動に対して叱ることが重要で、頭が真っ白になるくらいまで一方的に怒ることや人格を否定するような叱り方は避けましょう。万引き行為が進行してしまったケースでは、なるべくお店に近づけさせないようにする、行動管理を徹底するなどの工夫が必要です。

▶ 保護者との連絡を密に、深刻化している場合は専門機関へ

　「何度も叱っても反省しているように見えない」「反省はするが繰り返しやってしまう」ことが頻発すると、保護者も教師もお手上げ状態になってしまいます。これは決して指導に問題があるわけではありません。教育委員会の相談室や、子ども家庭センターなどの専門機関に相談してみるとよいと思います。一気に解決する問題ではありませんので、家庭と学校はもちろん、関係機関とも連携して長期的に行動改善を促すことが重要です。

 ここにも注意！

　何回叱っても子どもが同じことを繰り返す場合、大切なゲームを取り上げたり、大声で怒鳴りつけたりしてしまいがちです。多くの場合、このようなショック療法は成功しませんしむしろ逆効果です。罰を与えることより、良い行動を増やすよう配慮しましょう。

5 　手がかり① 行動が落ち着くための手がかり
すぐにお喋りして周りに迷惑をかけます

 こんな子がいませんか？

先生「今日の理科はてんびんの実験をします」
Ａ君「あー、知ってる、知ってる。重さをはかるのね」
　Ａ君は話したいことがたくさんあって、お喋りが止まらず周りの友達もうんざりしています。

 こんなことが考えられます

▶ **不注意の問題**

　学習や行動は、ある特定のものに「注意」を向け、それを「持続」することで成立します。発達が進むにつれ、「注意」することが上手になり、学習や行動が安定します。Ａ君の場合、「注意」することが苦手なので、学習や行動に影響が出ます。何度注意されても同じことの繰り返しになってしまいます。一方、興味のあることについては「注意」が持続するので、先生や周囲の友達としてはイライラしてしまいます。しかし、わざとやっているわけではないという理解が不可欠です。本人も、繰り返し叱られることにより「なぜ自分はできないのだろう」と苦しんでいることが多いのです。

▶ 口の多動？

　不注意が目立つお子さんには、"ぼうーっとしている"タイプと、"落ち着きなくせかせかと動き回る"タイプの２つがあります。後者は反応も良く活発なのですが、注意集中が苦手なために多動なのです。お喋りが止まらないお子さんは、行動面でも多動なことが多いといえるでしょう。いわばＡ君は"口の多動"ともいえます。思いついたことが次から次へと口から出てきてしまい、そのことをコントロールできていない状態です。

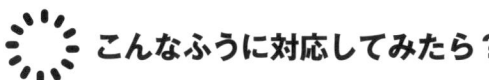 こんなふうに対応してみたら？

▶ 注意を向けられるような工夫をする

　発言できる場面を保障することが重要です。勝手に発言できない場面を作るだけでは効果的ではありません。発言してよい場面を視覚的にわかりやすく設定するとよいでしょう。また、お喋りの背景には不注意があるわけですから、課題に「注意」を向けられるような工夫が必要です。課題に集中させることでお喋りを少しずつ減らしていくような戦略が有効です。

▶ できたことを褒める

　不注意でお喋りの多い子どもは、家でも学校でも叱られてばかりで、友達とのトラブルも多い傾向があります。一方で活発で好奇心旺盛なので、どこか憎めないし、クラスのムードメーカーであったりします。このように見方を変えることで、褒めることや場面がたくさんあることに気づきます。どんな子どもも、常にお喋りしているわけではありません。頑張って取り組んでいる場面を見逃さず、タイミングよく褒めることがコツです。

 ここにも注意！

　お喋りや不注意行動が、学校以外の場面でも見られるかどうかも確認する必要があります。もし教室だけお喋りや不注意行動が多いのなら、その環境に問題がある可能性もありますので、何らかの調整や工夫が必要です。

手がかり① 行動が落ち着くための手がかり

何事も行動が遅いです

 こんな子がいませんか？

先生「5時間目は帰る用意をして、クラブ活動の部屋に移動してください」

　Aさんは、チャイムが鳴っても一向に帰る支度もせず、ぼんやりと絵本を読んでいます。

　Aさんはいつもワンテンポ遅れて行動する傾向があり、遅れても慌てる様子はありません。

 こんなことが考えられます

▶ **やるべきことが理解できていない**

　少しずつ学年があがると、子どもたちは先生の口頭による説明だけで行動できるようになります。例えば「○○クラブの人は掃除が終わってから、色鉛筆を持って理科室に集合しなさい」という指示は、耳からの情報処理が苦手な子どもにとっては、「理科室に集合…」ぐらいしか聞き取れていないこともあります。いつも周囲の動きを気にしていたり、指示した後の反応が鈍かったりするケースでは、自分がやるべきことを理解していないことが考えられます。

- 24 -

▶ 不安が強い、慎重な性格、不注意、うまく質問できない

　新しいことをする場面で行動テンポが遅れがちな子どもは、不安が強かったり、慎重な性格であったりします。新しい友達や先生、学習内容に慣れるまでに時間がかかるのです。不注意傾向が強く、指示された時点でタイミングよく聞き取れないお子さんもいます。また本当はわかっていないのに、うまく質問できない子どももいます。つまずきの背景をよく観察し、子どもの特性を理解することが重要です。「子ども理解」が支援につながります。

こんなふうに対応してみたら？

▶ 説明の仕方を工夫する（視覚的な手がかりが有効です）

　初めてのことや、込み入った内容を伝えるときは、ゆっくりと話したり、視覚的にわかりやすく（図や写真を使って）説明したりすると効果的です。例えば、キーワードなどは「黒板のここに書くよ」と決めておき、重要なことはそこを見るようにしておくと不安が軽減されるでしょう。

▶ 自信をつける場面を設定する

　不安が強い、人見知りをする、何事も慎重なタイプは常に緊張を強いられることが多く、小さな失敗でも萎縮しがちです。みんなと同じように行動できないことを強く指摘すると、一層硬直して逆効果になりかねません。まずは先生が、その子どものペースで遊んでみてはどうでしょうか。その子のペースがよく理解できるはずです。そして得意なことをやらせる中で、褒めて自信を持ってもらうことが重要です。

⚠ ここにも注意！

　行動がゆっくりだったり、マイペースだったりする子どもに対しては、先生同様、保護者の方も心配されています。保護者とよく相談して、共通の目標を設定すると効果的です（例えば、持ち物の整理を自分でするなど）。また保育園や幼稚園での様子を聞き、乳幼児期からの発達の遅れがはっきりしている場合は、専門機関に相談するのがよいでしょう。

手がかり① 行動が落ち着くための手がかり

忘れ物が多いし、整理整頓が苦手です

 こんな子がいませんか？

　A君は忘れ物が多く、机の中も乱雑でいつも鉛筆や消しゴムをなくしてしまいます。

A君「先生、三角じょうぎを忘れました」「算数の教科書を忘れました」「赤鉛筆がなくなりました」「消しゴムがありません」

　……と毎日こんな感じです。

 こんなことが考えられます

▶ **整理の仕方がわからない**

　学校で必要なものを用意し、教室ではそれらをきちんと整理し、必要なときに使用して終わったら片付ける、という「自律性」は、簡単に身につく習慣ではありません。幼児期からのトレーニングによって定着するのですが、不注意傾向が強いと、極端にこれらのことが苦手なお子さんがいます。「何をどう整理したらよいのか」を理解できていない場合があります。また、「わかっていてもうまくできない」というケースも多いのです。「なぜ忘れるの！」と叱っても、本人もなぜ忘れたか、よくわからないのです。

 こんなふうに対応してみたら？

▶ **優先順位をつける**

　"忘れ物をなくす"ことを目標にすると、忘れ物ばかり気になってしまいます。「筆箱と教科書だけは持ってこようね」というように、優先順位を決めて取り組みましょう。A君にとっては、整理整頓はとても難しい課

題です。1日1回、机の中を一緒に整理すると、片付けの仕方が理解できるようになります。

　また保護者にも協力してもらって、学校の持ち物の用意は一緒にやってもらうとよいでしょう。「もう高学年だから、自分でできるでしょう」と考えず、自分でできるようになるまでつきあうことが重要です。こちらの忍耐力が問われますね。

▶ 自分で工夫できるように練習する

　すべてを大人が管理するわけにはいきません。子どもに、「忘れやすい特性を持っている」ということを認識してもらい、どう工夫したらよいかも具体的に教えましょう。例えば、付箋を使うとか、用意する物をリストアップしておく、などの方法です。忘れ物をして本当に困っているのは子ども本人ですから、忘れ物を防ぐ良い方法が見つかれば、自然と身についていくはずです。

▶ あまり効果的でない指導

　物を忘れたりなくしたりすることは、本人にとってとても恥ずかしい経験です。さらにみんなの前で叱られると、後悔はするものの前向きな行動にはつながりません。友達の前でなく、場所を移して個別に指導するようにしたいものです。また、いつも「となりの人に借りなさい」というのも特定の友達ばかりに負担をかけてしまうので問題でしょう。鉛筆や定規なら、先生が貸してあげるほうが良いときがあります。

 ここにも注意！

　「忘れ物をしたら漢字を10回書きなさい」という指導は今でもよくあるようです。しかしこのような加罰的な方策はほとんど効果がありません。反省文を書かせたり、わざと困らせて反省させようとしたりする指導も効果的ではありません。忘れ物したときに、「はい、これ使いなさい」と渡して、「返すときは笑顔でありがとうって言ってね」とこちらも笑顔で貸してあげたほうが気分が良いものです。"お礼を言う"というスキルも身につきます。

8 じっと座っていられません

手がかり① 行動が落ち着くための手がかり

こんな子がいませんか？

小学校2年生のA君はじっと座ることが苦手です。そわそわと立ち歩き出したかと思うと、展示してある作品をさわったり、学級文庫の本を読んだりしています。 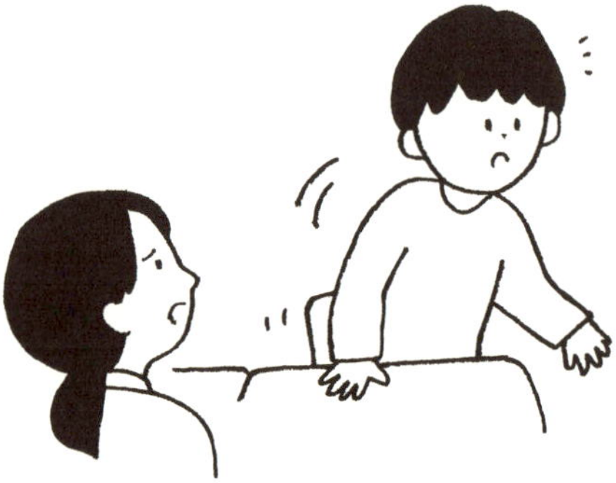
先生「A君、自分の席に座りなさい」

いったんは座りますが、運動場での声や、音楽室からの音に一つ一つ反応してしまい、落ち着いて授業を聞くことが苦手です。

こんなことが考えられます

▶ 興味や関心を持てない。やるべきことがはっきりしない

保護者や先生からの発達相談では、「集中力がなく、すぐに立ち歩きます」という相談がありますが、多いのは次のようなやり取りです。

（授業中はどのくらい座っていられますか？）「たぶん、5分くらいでしょうか」、（では、テレビゲームも5分くらいしかできませんか？）「いえとんでもない。テレビゲームなら3時間でも4時間でもやっています」

多動で、全く集中力がなければ、3時間も座って1つのことに取り組み続けることは不可能です。なぜテレビゲームなら可能なのかというと、面白くて、興味があるからです。授業中立ち歩くお子さんに共通しているのが、授業の内容に興味が持てないということと、今やるべきことがはっきりしていない、ということです。

▶ 注意欠如・多動症（ADHD）と刺激の多さ

ADHDは不注意や多動、衝動性の3つの症状が中心になります。この

障がいに該当しなくても、年齢の小さな子どもはたいてい不注意で多動です。1つのことに注意を向けたり、それを持続させたりすることが苦手なので、動き回るなどの多動性が目立つのです。外からの視覚・聴覚刺激が多いと、集中しようと思っても、うまくできないのです。授業に退屈すると、余計に外からの刺激に過敏になり、悪循環になってしまいます。

こんなふうに対応してみたら？

▶ 授業での工夫

ADHDが疑われる子どもの国語の授業の様子を見せていただいたことがあります。場面ごとに、何人かの登場人物の気持ちをそれぞれ読み取っていくという授業展開でした。その子どもは全く興味が持てず、5分で立ち歩き出してしまいました。しかし実はその子だけでなく、その他の子どもでも授業の内容についていっていない様子でした。低学年のうちは、45分の中に、視覚的な教材やテンポの良いクイズ形式、いろいろな活動（読む・書く・話す・体を使う）などを取り入れることが効果的だと思われます。またプリントに記入する、漢字を練習するなど、やるべきことを明確にすることも重要です。

▶ 環境を調整する

"教育環境の質は学習の質に直接的な影響を与える"これは名言です。なるべく刺激の少ない、静かで落ち着いた教育（教室）環境を整えたいものです。ただ座っていなさい、という指示はA君にとっては何よりも苦痛であることを理解したいです。

 ここにも注意！

多動や衝動性は低学年で目立ち、高学年になるとほとんどが落ち着いてきます。少しずつ多動的行動を減少させていく、という長期的な視点が必要です。一方、立ち歩くことで叱られることが多くなると、学校や勉強が嫌いになるという影響が出てきます。普段から、先生とその子どものコミュニケーションがうまくいくような配慮が求められます。

9 手がかり① 行動が落ち着くための手がかり
興味がないことには動きません

こんな子がいませんか？

　3年生のA君は昆虫が大好きですが、その他のことには全く興味を示しません。休み時間も1人で虫取りに熱中しています。家から虫かごや網を持ってきて、熱心に飼育していますが、授業中や掃除の時間でも熱中しているので気になります。友達とのかかわりも薄いようです。

こんなことが考えられます

▶ **自分の世界に入り込んでしまう**

　発達に何らかの遅れや偏りがある子どもは、興味・関心の幅が狭いことが多く、"こだわりが強い"と表現されます。長期間一つのこともありますし（例えば電車など）、成長に伴って変化することもあります。熱中しているものが他の子どもと共有していない場合は（通常は友達同士で情報交換します）、自分の世界に閉じこもっていると思われます。

▶ **自分に自信がない**

　発達相談で発達のつまずきのあるお子さんと面接していると、「いつも僕ばっかり怒られる」とか、「うまくいったことがない」という訴えをよく聞きます。彼らは失敗を積み重ねて自信をなくしており、"挑戦してみ

よう！”という気持ちが減退しています。特に初めてのことには強い不安を感じています。

こんなふうに対応してみたら？

▶ 授業での工夫

体験学習や小グループでの活動をできるだけ多く取り入れ、子ども自身が活動を迫られる場面を設定すると効果的です。役割を与えられ、協力せざるを得ないような環境下では、思いもよらない活躍をすることがあります。

▶ 褒める場面を上手に設定する

上記ケースのＡ君は虫の観察や飼育が得意です。ここを活かして、理科の授業や係活動（生き物係）などで活躍してもらいましょう。「いつも頑張っているね！」という言葉かけが、何よりも子どもに自信を持たせ、成長させます。カードゲームに没頭している子どもでも、そこから学習につなげていけるような工夫は可能です。興味関心のバランスを重視するよりも、没頭していることを基盤にして関心を広げていくほうが効果的です。

▶ 初めての活動のときにはそっと支援する

学校で初めての活動をするとき、「自信がない、不安が強い」子どもに対しては、特別な配慮や支援が必要です。失敗を過度に恐れる場合、みんなと一緒に活動する前に、何度か練習してみるとよいでしょう。「こんなことするんだな」と事前に理解しておくと、スムーズに集団での活動に参加していけると思います。

 ここにも注意！

先生としては、学級全員が興味を持って学習活動に参加してほしいと願っています。日本の担任の先生は特に学級経営に力を入れているので、その傾向が強いと思います。一方で人間の個性や興味関心は多様です。“興味を持ってくれない”ではなく、“興味を育てる”という視点を大切にしたいものです。

1 すぐにキレます

手がかり② 気持ちが落ち着くための手がかり

 こんな子がいませんか？

（授業で課題に取り組んでいます）
Bさん「A君、それ、間違ってるよ」
（Bさんは優しく教えてあげました）
A君「何？ 間違ってないよ」
Bさん「でもさっき先生が言ってたよ」
A君「なんだよ！」
（A君は急に立ち上がり机を蹴飛ばしました）

 こんなことが考えられます

▶ **キレる根底には"自信のなさ"が**

　キレる直接の原因には"怒り"があります。ではどんなことで怒りを感じるのでしょうか？　そのほとんどが、「馬鹿にされた」「自分の思い通りにいかない」と感じるときです。馬鹿にされたら普通は誰でも怒りが生じます。A君の場合もBさんから間違いを指摘されて、馬鹿にされたと感じたようです。でもBさんは親切に教えてあげたのですが、どうしてそうなるのでしょうか？　それはA君の"自信のなさ"にあります。自信が持て

ない背景として、対人関係がうまくいかない、勉強ができない、じっとしていられずよく注意される、忘れ物が多くよく叱られる、運動ができない、などがありました。そしてその原因には発達障がいや知的障がいがあったりすることもあります。A君はいつも失敗ばかりしていて自信がなく、「僕って駄目だ、皆僕のことを馬鹿にしているに違いない」と被害的になっていたのです。上の例の場合も、Bさんから親切に教えてもらっても「またできなかった、きっと僕のことを心の中では馬鹿にしてるんだろう」と感じたのでした。

 こんなふうに対応してみたら？

▶ **段階的に対応する**

　カッとなってキレたとき、先生から叱られれば「また怒られた」と感じ、さらに自信を失うことになります。教室でできる対応としては段階に応じた対応をするとよいでしょう。カッとなって行動化（この場合は机を蹴飛ばす）した段階では淡々とクールダウンできる場所に移動させます。怒りを感じている段階では気持ちを落ち着かせる方法（深呼吸する、楽しいことを考える、落ち着けと心の中で唱える等）を用います。馬鹿にされたのではと感じる段階では、思考パターンを変える練習が効果的です。これは「Bさんは本当に馬鹿にしたのだろうか、親切に教えてくれただけでは？」といった違った考え方をさせる練習です。自信がない段階では承認を与える、ソーシャルスキルトレーニングなどで対人スキルを練習するなどで自己肯定感を向上させます。

 ここにも注意！

　どの段階においても日頃から練習しておくことが鍵です。気持ちを落ち着かせる方法では事前にA君にとって最も効果的な方法を練習しておくこと、思考パターンを変える方法では、「ひょっとして自分の勘違いでは？」といった考え方を増やしておくこと、承認する際は、普段からA君の良いところを見つけておくこと、対人スキルの向上には、ロールプレイ等を通して練習しておくこと、などです。

手がかり②　気持ちが落ち着くための手がかり

感情の起伏が激しいです

 こんな子がいませんか？

　Ｃ子ちゃんは機嫌よく過ごしています。
Ｄ子「Ｃ子、早くそれ返してよ」
　Ｃ子ちゃんの顔が一瞬で曇りました。そして教室から出ていきました。先生が後を追いかけました。
先生「Ｃ子ちゃん、どうしたの？」
Ｃ子「もう教室には入りたくない」
先生「どうして？」
Ｃ子「Ｄ子ちゃんの言い方がきつかった」

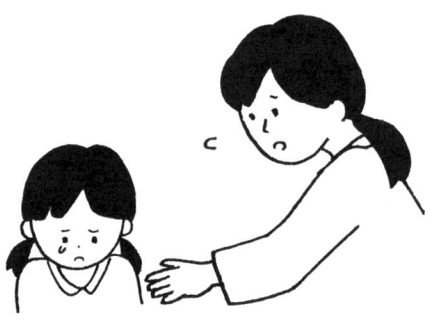

 こんなことが考えられます

▶ 見捨てられ不安が強い

　機嫌がいいと思ったら何かのちょっとしたきっかけで急に機嫌が悪くなる子がいます。Ｃ子ちゃんも、ちょっとしたことで一喜一憂するのです。「どうせ私なんて」「みんな私のことが嫌いなんだ」「やっぱり私の勘違いだった。ごめんなさい」といった具合に心の中が激しく揺れ動いているのです。そのような背景にはＣ子ちゃんの"見捨てられ不安"の強さが考えられます。いつ相手から見捨てられるのか不安で、相手の言動に一喜一憂してしまうのです。相手からそっけない態度を取られると「あの人はひどい人だ、やっぱり私なんて駄目なんだ」と被害的になり、怒りに変わります。怒りは自分に向くこともあれば他者に向くこともあります。逆に友達から優しくされると「あの人はやっぱりいい人だった」と急に機嫌が良くなるのです。これらは試し行動の一つであったりします。相手がどの程度自分を見捨てずに受け入れてくれるのか無意識に感情を出して試している

のです。

こんなふうに対応してみたら？

▶ 一貫した態度で接する

　C子ちゃんの感情や言動に振り回されずに一貫した態度で接することが大切です。場合に応じて機嫌をとったり、放っておいたりするとC子ちゃんは混乱して余計に不安定になってしまいます。具体的にはC子ちゃんが不適切な感情の出し方をしたときは必要以上に反応せず、良い行動ができたときには褒めて適切な行動を強化します。そしてC子ちゃんがくっついてきたり、不安そうに見えるなど、気になる様子が見られたときは、しっかり受けとめてあげ、"大丈夫だよ"というサインを送ってあげましょう。

▶ いい自分になりたいといった動機づけを利用する

　また、たいていの子どもは"皆とうまくやっていきたい""もっといい自分になりたい"という気持ちを持っています。それに対して「急に怒ったりニコニコすると友達はどう思うかな？」といった気づきの機会を与えることで、変化への動機づけになります。

⚠ ここにも注意！

　「見捨てられ不安」が生じる背景には不安定な養育が原因となる場合があります。適切な保護と養育を受けて育った子どもは、親を通して他者への信頼を学び、年齢とともに親から離れ自立へと向かいます。しかしそうでないと"親に見捨てられるのでは"といった不安が残り、親から離れられず、他者も信用できません。そしていつまでも親を求めたり、親にこだわったりします。子どもの頃は親から見捨てられないように"よい子の仮面"をかぶりますが、思春期になると様々な葛藤と直面し、激しい感情が生じることもあります。

3 手がかり② 気持ちが落ち着くための手がかり
感情表現が苦手です

こんな子がいませんか？

（A君は怒ったような悲しいようなよくわからない表情をしています）
先生「A君どうかしたの？」
A君「いや、別に」
先生「何か嫌なことでもあったの？」
A君「ない」
先生「じゃあ何か悲しいことでもあったの？」
A君「……」

こんなことが考えられます

▶ 感情が未分化

「嫌なことや悲しいことがあったら気持ちを言えば楽になるのに」とか「感情をうまく表現するにはどうしたらいい？」と思ったことはありませんか？　ちょうどA君のような例です。まずA君はまだ感情がうまく分化していないことが考えられます。主な感情には"嬉しい""悲しい""怖い""寂しい""びっくりした""怒った""嫌い"などがありますが、もやもやした気持ちと、これらの気持ちを表す言葉が対応できていないのです。

▶ 感情表現はとても負担

それに加え、そもそも自分の気持ちを表現することはとてもしんどいこ

となのです。想像してみて下さい。先生方もいきなり「今、あなたはどんな気持ちですか？」と聞かれてすぐに答えられるでしょうか？ 自分の気持ちを言うことはとても負担なのです。

こんなふうに対応してみたら？

▶ 感情の確認と他者感情の理解

　最初に気持ちにはどんな種類があるかを確認します。次に他者の表情をみて気持ちを表現してみましょう。自分の気持ちを言うことは負担ですが、それに比べ他者の気持ちを言うのは比較的簡単ではないでしょうか。ですから自己感情の前に他者感情を扱うとよいでしょう。様々な気持ちが示された表情写真を用意し、A君に「この人は今、どんな気持ち？　何があったと思う？」という感じで進めていきます。小グループを作ることが可能なら、1枚の表情写真をそれぞれがどう感じたかを自由に話し合わせてみてもいいでしょう。

▶ 段階的に自己感情の表現を

　他者の感情を表現することができれば、今度は自分の感情を表す練習に移ります。最初は紙に提示されたいくつかの感情を示した表情イラストに今の気持ちを○で囲ませたり、温度計の下に感情を書いてその感情がどれくらい上がっているか色を塗らせるなどしてもいいでしょう。慣れてくればイラストで示された表情カードを選ばせて「今、僕はこんな気持ちです。なぜかと言うと…」といったように段階的に練習していきます。

⚠ ここにも注意！

　もし表情写真をみても気持ちがわからないときは、顔には感情のための様々なサインがあることを伝えましょう。例えば、目を細めて歯を見せているときは嬉しくて笑っている、目を大きく見開いているときは驚いている、視線を下に向けると悲しんでいるなどです。また腕組みをしていると"怒っている""考え事をしている""何か悩んでいる"などが考えられ、表情以外にも感情を読み取るためのサインがあることにも気づかせます。

4 手がかり② 気持ちが落ち着くための手がかり
気持ちの切り替えが苦手です

こんな子がいませんか？

　図書館での出来事です。Ａ君とＢ君が恐竜の本をどちらが先に借りるかで取り合いになりました。すぐに先生が間に入りやめさせましたが、Ａ君は部屋の隅っこに行ってしまってそのままじっと動きませんでした。先生がＡ君に話しかけても動きません。しばらくしてＢ君もＡ君に話しかけました。
Ｂ君「Ａ君、さっきはごめんな」
Ａ君「……」
　Ａ君は無視して向こうに行ってしまいました。その日、Ａ君はＢ君と話さないばかりか誰とも口をきかずずっと黙り込んでいました。

こんなことが考えられます

▶ 感情が冷静な思考を止める

　何か嫌なきっかけがあると、ずっと気持ちを引きずってなかなか切り替えができない子がいます。Ａ君もいけないとわかっていてもなかなかできません。どうしてでしょうか？　それは感情が冷静な思考を止めてしまうからです。人の情動は大脳新皮質より下位部位の大脳辺縁系が関与するとされており、五感を通して入った情報が認知の過程に移る前に情動というフィルターを介しますので、情動の制御（感情のコントロール）がうまくいかないと正常な認知過程、つまり冷静な思考にも様々な影響を及ぼすのです。

大人でもカッとなったときはしばらく冷静な思考ができないことがあります。子どもならなおさらです。A君もB君と本の取り合いになったことがきっかけでカッとなり冷静に物事を考えられなくなりました。それがなかなか自分では解決できずにずっと気持ちを引きずっていたのでした。

こんなふうに対応してみたら？

▶ 感情の言語化と解決策の準備

　思考を止めているモヤモヤした感情を「腹が立つ」「悲しい」などと、まず言語化する作業を行います。言葉に出すのが難しければノートや日記に書いてもいいでしょう。いったん言語化することで自分の感情を客観視できます。でもそれだけでは感情はなかなか収まりません。前もって次に同じようなことがあった場合、"腹立つけど、まあ、いいかあ"と思えるような解決策を準備しておくといいでしょう。A君の言い分が"自分が先に取ったのに"といったものであれば、それに対して違う考え方をさせてみます。例えば「1冊しかないからどちらかが譲らないといけない。だったら譲るほうがかっこいい」「先生に言ってB君と読む時間を決めてもらう」などです。

▶ 気づきの機会と"見てるよ"というサイン

　ずっと不機嫌なままだと周りがどんな気持ちになるか、どんな雰囲気になるか、といった気づきの機会を与えることも効果的です。例えば、「ワイワイ楽しそうな集団の中で一人だけ不機嫌な子がいたらどう感じる？」という問いかけです。そしていつも見ていますよというサインを送るのもいいでしょう。

⚠ ここにも注意！

　楽しいことがあって、ずっとはしゃいでいてテンションが高いまま、なかなか切り替えができないタイプの子もいます。この場合、事前に予告するといいでしょう。「さあこれが終わったら気持ちをしっかり切り替えましょう」などです。場所を移動させ気分転換させるのも効果的です。

5 人の気持ちがわかりません

手がかり②　気持ちが落ち着くための手がかり

こんな子がいませんか？

　B君が小さい頃から大切に飼っていた犬が事故で死んでしまいました。兄弟のいないB君には大切な存在でした。B君はすっかり落ち込んでいました。そこにA君がニコニコしながら近づいてきました。
A君「飼ってた犬が死んだって？　また買えばいいんじゃない？　同じような犬があのペットショップで売ってたよ」
　B君はムッとして黙りましたが、A君はいいことを教えてあげた、B君も喜んだかなと思って嬉しくなりました。

こんなことが考えられます

　「もっと相手の気持ちを考えなさい」という言葉をどこでもよく耳にします。でもどの程度まで子どもが考えることができればいいのでしょうか？　ここで"人の気持ちがわかる"ことについて整理しておきましょう。
　A君がB君の気持ちがわかるレベルには大きく次の3段階があります。
　①B君の表情が読める、B君の表情に気がつく（関心が持てる）……単にB君の表情を見て「あ、B君、悲しんでいる」とわかる・気づく。
　②B君の立場に立てる……「大切にしてた犬が死んだのだからきっと悲しい気持ちだろうな」とB君の表情以外の情報や状況を使ってB君の気持ちを察する。

③B君に共感できる……「B君は兄弟がいなかったから、犬を弟のように可愛がっていたな。ひょっとして仲のよかった弟が死んだくらいつらいのでは？」など、本人の置かれた状況の背景まで想像してB君の気持ちを理解する。

③はとても高度です。"人の気持ちがわかる"ためにもどのレベルでつまずいているかをはっきりさせておいたほうがいいでしょう。A君の場合、そもそもB君が悲しそうな顔をしていることにも気づいていないため、①に問題がありそうです。

こんなふうに対応してみたら？

①ができなければ表情認知の問題がありそうです。相手の表情を認知することは"表情自体を読み取れること"と、"相手の表情に注意を向けられること"の2つから成ります。表情を読み取る練習は、「感情表現が苦手です」(36頁)でもご説明したように、表情写真を利用して、表情とそれ以外のサインについて学んでいきます。しかし表情をいくら正確に言えたとしても、相手に注意が向いていなければ表情にも気がつきませんので、相手に注意を向ける練習も必要になります。これには、誰かと話すときは、相手と適切な距離に近づく、相手の方に身体・顔を向ける、相手の目を見る、などに気をつけましょう。

②に達するにはある程度の道徳的な発達が必要です。様々な体験を通して身につけていくことでもあり、時間がかかります。少しでも多くの体験をさせて他人の気持ちを考える機会を増やしてあげましょう。③はなかなか難しいですので成長の先にあるのだと考えておきましょう。

⚠ ここにも注意！

表情認知に問題がある場合、視覚認知に問題がある場合もあります。例えば、図形の模写をさせても全く違う図形を描いてしまう子どももいます。見せているものがその通り見えていないケースです。このような場合は、表情よりも前にもっと基本的な視覚認知のトレーニングをする必要がありそうです。

1 あの子ばかりひいきするって言う子がいます

手がかり③ 前向きな考え方ができるための手がかり

こんな子がいませんか？

　C君は障がいがあり支援が必要な子です。落ち着きがなく授業中立ち歩いたり、お喋りしたり、他の子にちょっかいを出したりします。先生はC君によく声かけをしますし、C君のやることは大目にみています。
　A君もC君の真似をして他の子にちょっかいを出しました。
先生「A君、ダメでしょ。ちゃんと前を向いて」
A君「どうして？　C君もやっているのに。C君だけ特別なの？　ひいきだ」

こんなことが考えられます

▶ 状況が理解できない、もっと自分を見て欲しい

　特別に支援が必要な子に対しては先生が、他の生徒よりも声をかけたり注意を向けることが多くなります。でもほとんどの子ども達は、そんな先生の姿に「仕方ないな」といった理解を示してくれます。中には積極的に先生を助けてくれたりする子もいます。しかし、一方でA君のようにそれをひいきしているように見える子もいるのです。そう見えてしまう子どもの背景には、支援が必要な子の"①状況が理解できない"こともあったり、

理解できても"②もっと自分を見て欲しい"といった要求が強い可能性があります。そして、①のような子の背景には"場を読む力"や"きく力"が不足していたり、②のような子の背景には家庭内で十分に承認を受けていない（ネグレクトなど）可能性や、友達とうまくやっていけないなどの自尊感情の低下、などがあるかもしれません。実はＡ君ももっと支援が必要な子であったりする可能性もあるのです。

こんなふうに対応してみたら？

▶ 特別な配慮が必要な子どもと考えてもう一度観察してみる

あの子ばかりひいきすると言う子どもは、"僕・私"も支援して欲しいといったサインを出していると考えられます。ですので、その子も特別な配慮が必要な子として考えたほうがいいでしょう。友人との間でトラブルがないか、学校の授業でつまずいているところがないか、保護者と懇談をして何か変わったことがないか等、イジメや気づかれていような障がい、家庭内の状況などについて、もう一度子どもを観察してみましょう。そして必要に応じて職員間で情報を共有しておいたほうがいいと思われます。

⚠ ここにも注意！

特定の子ばかりを支援することに「仕方ないな」と理解を示してくれる他の子どもたち（例えばＤさんとします）は、そのまま安心してもいいかと言えばそうでもありません。どのような子どもも何かしらの課題を抱えています。支援に協力してくれたり、理解を示してくれた行為にその都度、「いつもＤさん、ありがとう」と感謝を伝えたり、「Ｄさんも頑張っていたね」など見えることを具体的に伝えることでＤさんへの承認につながります。

2 思い込むと周りの言葉が耳に入りません

手がかり③ 前向きな考え方ができるための手がかり

こんな子がいませんか？

先生「みなさん、先生のやることを見てて下さい。まずこうやって…」
　先生はみんなに手本を見せています。みんな先生の真似をして同じようにやっていますが、A君だけが違うやり方でやっています。
先生「A君、何やってるの？　やり方が違うよ!?」
A君「僕はいつものやり方でやるから。このほうがいいもん」
先生「あれ、おかしくない？」
　A君はいつも人の言うことを聞こうとせず自分がこうだと思ったやり方をして失敗します。

こんなことが考えられます

▶ 思考が柔軟でない

　何も考えずに思いつきでやっているようにみえる、思い込みが強くやる前から絶対こうだと思っているようだ、一つのことに没頭すると周りが見えなくなる。A君にはこのような特徴がありそうです。その背景には、A君の思考が柔軟でないので他に注意を向けられず、より多くの選択枝が持てないことが考えられそうです。どういうことかと言いますと、通常私たちは、何かの問題が生じたとき、いくつかの解決策を考えます。次にその

中からどの解決策が最もうまくいくかを考え選択して実行します。そしてその結果をみて成功したならそのまま続けますし、失敗すれば違う解決策を選び直し、再び実行します。しかしＡ君のように思考が柔軟でないと解決策がたいてい一つしか出てきません。一つしか出てこないと一番いい選択肢かどうかわかりませんし、また過去に失敗していても何度も同じ間違いをしてしまうのです。先に挙げたような行動はこのような場合にみられたりするのです。

こんなふうに対応してみたら？

▶ 問題解決トレーニングをやってみる

　柔軟な思考を作るには問題解決トレーニングが役立ちます。数人のグループを作り、ある困った問題に対してブレイン・ストーミング（グループである問題について自由にアイディアを出し合う方法。質より量が重視される）でいろんな解決策を自由に出し合い、どの方法がいいか一つずつ結果を予想しながら考えていく方法です。解決策はとにかくたくさん出すことがポイントです。そしてそれぞれの解決策について、「現実的な方法か？」「解決までの時間設定は適切か？」「ズルくない方法か？」「本当にうまくいくか？」などを一つ一つみんなでチェックし、どの方法が最もいいか吟味します。グループで行うメリットは自分一人の考え方だけではなく他の人の考え方も学べることにあります。このやり方は、先生が解答を教えるのではなく、自分たちで問題解決のためにいろいろと考えるところに特徴があります。

⚠ ここにも注意！

　問題解決のための案を出すとき、中には不適切な解決案も出てきます。それらを頭から否定すると柔軟に解決策が出にくくなり逆に思考を硬くしてしまいます。たとえ不適切な解決策（例えば、お金がなくて困っている場合、銀行強盗をするといった案）でも一つの案であり、それらに対しては、それによって引き起こされる結果を予想することで、その案を見直すことができます。

3 すぐに被害的になります

手がかり③　前向きな考え方ができるための手がかり

こんな子がいませんか？

　A君は皆が集まって何か楽しそうに話し合っているのを見つけました。
　A君「何やろ、僕も仲間に入れてもらおう」
　そう思って皆のところに入って行きました。するとA君が来るや否や、皆がサーッと散らばって行きました。
　A君「何で僕が来たら皆逃げるんや。皆、やっぱり僕のこと嫌いなんや」
　A君はカッとなり机を蹴飛ばし、ひどく落ち込みました。

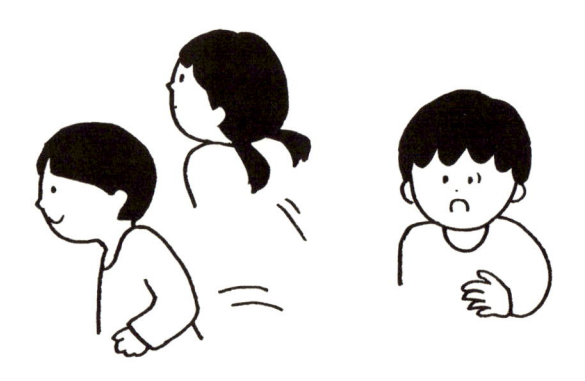

こんなことが考えられます

▶ 気づきが少ない

　確かにA君は皆から避けられているように見えますし、A君の気持ちも理解できます。しかし実は、皆はA君が来たからサーッと散らばったのではなく、たまたま"かくれんぼ"が始まったばかりだったのでした。一方のA君はそのことがわからず「どうせ僕なんか…」といった被害感を強めていたのです。どうしてでしょうか？　一つに、皆が散らばったのはひょっとして他に理由があるのでは？　といった気づきが少ないことが被害感の原因になっていると思われます。

▶ 状況を「みる力」が弱い

　またA君の「みる力」の弱さも関係している可能性があります。この場合、「みる力」とは周囲の状況を読み取る力です。この力が弱いと視野が狭くなり物事の関係性が読み取れません。単に皆が散らばったことと、その後の様子（かくれんぼ）との関係がわからず、A君の視野には皆が自分から離れていったことしか視野に入っていないのです。

こんなふうに対応してみたら？

▶ "ひょっとして？"といった考え方をしてみる

　みる力の弱さをすぐに改善するのは難しいので、何かあったとき、常に"ひょっとして僕の勘違いじゃないかな？"と考える習慣をつけさせるといいでしょう。いきなり一人ではできないので、最初は大人がガイドします。上の場合ですと、「いくらA君が嫌いだからといって、そんなに急に逃げることなんてあるかな？　何かあったんじゃない？　何があったか一緒に考えてみよう」と具体的に一緒に考えてみるのです。場合によっては実際にかくれんぼをしていた皆に直接聞いてみるのもいいでしょう。"ひょっとして？"といった気づきが少しでも多く持てるようになると、一つの状況をいろんな角度からみることができるようになってきます。

⚠ ここにも注意！

　よく被害的になる子どもは、それまでの対人関係の中での体験がベースになっていることもありますが、勘違いも多いようです。例えば「あいつが睨んできた」「あいつがわざとぶつかってきた」といって被害的になり怒りを溜めている子どもに出会います。しかし事実関係を調べてみると、相手は睨んだのではなく目が悪くて目を凝らしただけだったり、わざとぶつかったのではなく単に相手がふらついただけだったりします。まだ被害感を伝えてくれるだけいいのですが、一人で抱え込んで怒りを溜め続け、いきなり爆発する子もいますので、日記などで日頃の出来事や気持ちなどを書かせ、被害感を溜めていないか確認しておくといいでしょう。

4 すぐに諦めます

手がかり③ 前向きな考え方ができるための手がかり

こんな子がいませんか？

先生「ではみんな、この問題をやってみましょう」
A君「わからん」
先生「間違っていてもいいからやってごらん」
　A君は少しやりましたがすぐにやめました。
A君「あ〜、もうやめた。やっぱり無理」

こんなことが考えられます

▶ 知的能力障がいの可能性がある

　プライドが高く失敗を極度に恐れ、失敗するくらいだったら最初からしない、といった子どもがいます。A君もそのような感じです。このような場合、気づかれにくいのが知的な障がいがあるケースです。知的能力障がい（IQが70以下で社会生活に支障を来す）は、実際、IQ：70以下で2％、障がいまではいきませんが、知的な課題を抱える境界知能（70<IQ<85）は14％いると言われています。つまり35人クラスとすると、知的な課題を抱える子どもはクラスに5名程度いる計算になります。軽度の知的能力障がい（50<IQ<70）は普通に話したり遊んでいる際には、ほとんど見分け

がつきません。また好きなことの記憶力は良かったりします。彼らの特徴は言われたことは大体できますが、ただいつもと勝手が違ったり何か問題が生じた際、どう対処していいのかわからなかったり、自分で新たな工夫をすることが苦手なことが多いです。彼らの口癖は「ミスした」「こういうのは無理」、考えもせず「わかりません」と言うことだったりします。これらはできないことへの防衛と考えられます。

こんなふうに対応してみたら？

▶ 自信をつけさせる工夫

　知的能力障がいがあればいずれは勉強についていけなくなります。軽度知的能力障がいの場合の知能の上限は12歳程度と言われていますので、中学の勉強にはついていけません。そして中学生になると周りと比較してますます自信を失っていきます。それらはその後の生き方にも様々な負の影響を及ぼします。しかし、先生が前向きなサインをA君に送り続けることで、「僕もやればできることがあるんだ」といった自信を持たせることは可能です。例えば、分数の計算はできないけど漢字は詳しい、勉強は苦手だけどスポーツが得意、いつも友達を助けてあげて優しい性格だ、など自信を持てる何かを見つけてあげるとよいでしょう。

⚠ ここにも注意！

　軽度の知的能力障がいがある場合でも親が塾などに通わせていたりすると小学校までの勉強にはなんとかついていけることもあります。小学校では成績は普通だったからといって知的能力障がいがないとも限りません。中学に入ると途端に勉強ができなくなるので勉強をさぼっていると思われがちです。ある程度まではトレーニングすることも可能ですが、障がい自体を治すのは困難です。ですので、もし知的能力障がいが疑われるなら"まだ小学生だから様子をみましょう"というよりも少しでも今できること（例えば、対人スキルの練習や特別支援学級への編入など）を考えてあげたほうが望ましいと思われます。また、もし知的能力障がいがない場合ですと、家庭での親の要求が高すぎるといった背景も考えられます。

5 よく嘘をつきます

手がかり③ 前向きな考え方ができるための手がかり

こんな子がいませんか？

　今日はＡ君の班が掃除当番です。先生がＡ君に指示を出します。
先生「Ａ君、今日は階段とトイレの掃除をやってね」
Ａ君「うん、わかった」
　（しばらくして）
Ａ君「先生、終わったよ」
　しかし先生が見てみると階段は掃除をした様子がありましたが、トイレは水を流して床を洗った跡がありませんでした。
先生「ねえ、先生はトイレも掃除してって言ったよね？」
Ａ君「え～、階段の掃除しか言ってないよ！」

こんなことが考えられます

▶「聞く力」の弱さ

　Ａ君が先生の指示を聞かないのはサボりたいからだ、それで嘘をついたのだ、と感じませんでしたか？　しかし実はＡ君は先生からの指示をしっかりと聞き取れていないかもしれないのです。言われたことをわかっていなくても何でも「ハイ」という子がいます。聞く力の弱さから相手が話している言葉がうまく聞き取れず、恥ずかしさやプライドがあったり、その

場の雰囲気に合わせて、「ハイ」「うん」と答えてしまうのです。私たちも外国人に話しかけられ、聞き取れず何て答えていいかわからないとき、何でも「Yes, Yes」と答えてしまうことはないでしょうか？　まず注意すべきは、A君が嘘をついているのではなく、何でも「うん」と答えてしまっている可能性があることです。上の例では、「階段とトイレ」の「階段」しか聞き取れなかったと考えられます。だからA君は言われたことをきちんとやったと思っているのです。

　他にも例えば「算数の教科書を開いて18ページの問題の3番をやりなさい」と先生が指示をしても、算数の教科書の18ページを開けたとしても、間違って問題の1番からやってしまうなど、周りからもふざけた子だと思われてしまいます。

こんなふうに対応してみたら？

▶「聞く力」の評価と工夫

　まずA君がどの程度聞き取れるかを日頃から注意してみておきましょう。聞き取れる文章が2～3語文、4語文程度、それ以上なのかを本人との会話の中で確認しておきます。2～3語文しか復唱できそうになければ、指導や約束する際にはできるだけ短い文章で伝え、本人にも復唱してもらい確実に聞き取れているか、そして内容がわかっているかを確認する必要があります。先ほどの例では「算数の教科書を出して」「18ページを開いて」「問題3番をやりない」といくつかに分けて指示を出すといった工夫をすることでA君も理解しやすくなります。

⚠ ここにも注意！

　子どものつく嘘には他の要因もあります。心理的側面からは、嘘をつくことで自分を守る場合（注目してもらえる、叱られずにすむ、など）などが考えられます。これらの場合はその背景にあるもの（例えば、親から叱られてばかりいる、ネグレクトがある、など）を慎重に探っていく必要があります。

6 手がかり③ 前向きな考え方ができるための手がかり
何事にもやる気がありません

こんな子がいませんか？

先生「これやりたい人？」

みんな手を挙げますが、A君はいつも手を挙げません。

先生「A君どう？」

A君「いいです」

いつも暗い表情でボソボソと答えます。先生はA君にもっとやる気をもって欲しいと感じています。

こんなことが考えられます

▶ **不適切養育の疑い**

やる気は自己実現の一つと言えます。米国の心理学者マズローが提唱した欲求の5段階説によると、最終段階である自己実現の要求の土台には生命維持のための食事などの「生理的要求」、健康的な暮らしや経済的な不安のない「安全の要求」、孤独でなくどこかに所属していたいといった「所属と愛の欲求」、他者から評価されたいといった「承認の欲求」の4つの欲求があるとされています。つまりやる気につながる自己実現には4つ欲求が十分に満たされている必要があります。例えば明日の食べるものもない状況や住む家のない路上生活、家族がいないなどの孤独、他者から全く評価されない状況などでは、自己実現どころではないのです。我々でも食べる物もなく住む家もない状況で仕事へのやる気など出るでしょうか？

同様にA君の背景にも、4つの欲求のいずれかもしくは複数が満たされていない可能性が考えられます。それらが当てはまるのは例えば不適切な養育（ネグレクトや心理的虐待）が疑われるのです。

こんなふうに対応してみたら？

▶ 家庭環境の把握と安心・安全の提供

　A君の家庭環境がどうなのか把握したり、配慮してあげる必要性がありそうです。例えば保護者がとても不安定な状況であることがわかればA君のやる気もさることながら、まずはA君が少しでも安心・安定できることに目を向けたほうがいいでしょう。できることは限られますが、少なくとも学校にいる間は、給食や安全、所属を保障し、また承認の言葉かけをしてあげることなどは、可能と思われます。

⚠ ここにも注意！

　保護者に連絡を取るときは子どもが学校で問題を起こしたときになりがちです。学校から連絡があれば、保護者が"またか"と思ってしまわないように、普段から特に何もなくてもマメに連絡を取っていたほうがスムーズにいきます。また先生方が"家でもっと関わってあげて下さい""寂しがっていると思いますのでもっと愛情をかけてあげて下さい"といった言葉かけは保護者にとっては自らを非難されているように感じ、子どもとの関わりに自信をなくす要因にもなりますので要注意です。また逆に、子どもの良いところばかり過度に伝えると「先生はこの子が家ではどんなに大変か全然わかってくれていない」と先生への不信感にもつながりますので、親の状況をじっくりと観察することが大切です。

心理面

7

手がかり③ 前向きな考え方ができるための手がかり

嫌なことを断れません

こんな子がいませんか？

　A君の家にB君が遊びに来ています。
B君「あ、このゲームずっと欲しかったんだ。貸してよ」
　B君がA君にゲームを借りようとしています。でもA君はそのゲームは昨日買ってもらったばかりでまだ一度も遊んでいません。A君は内心とても嫌でしたが、
A君「うん、いいよ」
B君「Aって優しいなあ」
　A君はB君にゲームを貸してあげました。B君が帰った後、A君のお母さんがA君に聞きました。
母「昨日買ったゲームはどうしたの？」
A君「B君からどうしても貸してって言われたから貸してあげた」
　お母さんは、またA君が嫌だと断れなかったと思いました。

こんなことが考えられます

▶ 対人スキルに乏しく対等な関係が結べない

　「嫌なことを断れない、すぐに周りに流されてしまう」といった子どもをみかけます。そして共通しているのが、断れなかったときや、流され言いなりになってしまったとき、「お前って優しいな」と友達からかけられ

る言葉なのです。A君のような子どもに共通しているのは、"友達の言うことを聞いてあげる"＝"優しい人間"と思っていることです。その根底にはA君の対人スキルの弱さがあります。例えばA君に知的なハンディがあれば同級生との会話についていけず対等な関係が築けません。どうしても仲間から置いていかれたり、場合によってはイジメ被害に遭ったりします。そんなA君は皆から仲間外れにならないように、嫌われないように必死なのです。友達に気に入られるために悪戯をしたり、悪いことをしたりして、そんなとき、友達から"Aって面白いな、すごいな"と言われたりすると、自分ってこうすれば皆注目してくれるんだ、と誤って学習します。上の例ですと、友達から"Aは優しい"と言われれば、それがたとえ自分にとって嫌なことでも、"僕は友達の役に立った"といった救われた気持ちになるのです。"優しくていい奴だ"と思われたいために、嫌なことでも引き受けてしまうのです。

こんなふうに対応してみたら？

▶ ロールプレイで断る練習を

　断ったら嫌われると思っているので、嫌われないように断れるスキルを実際に練習するといいでしょう。練習は、ロールプレイが最も効果的です。先生がリーダーとなり、子ども同士でゲームを借りる役、断る役を決めます。お互い役割交替しながらどうすればうまく断ることができるか練習してみましょう。そしてこれなら安心して上手にできる方法を決めておきます。もちろん先生や親と2人でもできます。先生・親がゲームを借りる役をし、先生相手に断る練習をします。

⚠ ここにも注意！

　悪い友達とつるむと、例えば「店に行ってあれを盗ってきて」と言われても、仲間外れにならないために、躊躇しながらも万引きをしたりします。嫌なことを断れない優しい子ほど、悪友の言うがままに動いてしまいます。友達との関係にそのような力関係がないか注意しましょう。

8 自分のことを棚にあげて人を責めます

手がかり③ 前向きな考え方ができるための手がかり

こんな子がいませんか？

（1）A君「B君、そんなことしたのだからDさんに謝れよ」
　すごい剣幕でA君が怒ってます。
　B君「（A君だっていつもやってるじゃないか…）」
（2）A君「先生、B君がふざけてます」
　B君「（A君こそ、いつもふざけてるじゃないか）」
　先生もB君と同じように感じています。

こんなことが考えられます

▶ 適切に自己評価する力が弱い

　もっと自分のことを知って欲しいと感じると思う子どもがいませんか？ A君も自分のことがわかっていないようです。これらの背景には自己に対する適切な評価ができず、自分の問題点や課題がわからないことがあります。ではなぜA君はきちんと自己を評価ができないのでしょうか？　それは"自己評価は他者との関係性の中で育つ"からです。例えば、
　「僕と話していると先生はいつも怒った顔をしている。僕は嫌われているんだ。僕のどこが悪いのだろう」
　「皆はいつも僕に笑顔で接してくれる。僕は人気があるな。きっと僕は

好かれている」

等、相手から送られる様々なサインを受け取ることで自分はこんな人間かもしれない、と気づきます。つまり自分を知るためには、他者とコミュニケーションを通してお互いサインを出し合い、相手の反応をみながら自己にフィードバックするという作業を数多くこなすことが必要なのです。もし、こちらが相手に不適切なサインを出したり、相手からのサインに注意を向けない・偏った情報だけ受け取るとどうなるでしょうか？　自己へのフィードバックが歪んでしまい、自己を適切に評価できなくなるのです。

こんなふうに対応してみたら？

▶ グループワークを利用し気づきの機会を増やす

相手に注意を向けながら適切なコミュニケーションを数多く体験することが大切です。それには集団生活を行うだけでもある程度の効果はありますが、もともと集団の中で様々学ぶ機会があったにもかかわらずそれを汎化できなかったこともあり、単に集団生活の中で一律に指導するだけはなかなか難しいでしょう。やはりグループワークを利用する必要がありそうです。例えば4～8名くらいのグループの中で様々な話し合いをします。特に答えのない課題（生まれ変わるとしたら男と女どっち？　など）を出し、話し合いをさせ、他者の様々な価値観に数多く触れることで他者の姿に気づくと共に自分の姿にも気づくことが期待できます。

⚠ ここにも注意！

コミュニケーション力には、相手からのサインをキャッチするための視線の向き、相手の言葉を聞き取るスキルなども当然関係してきます。話すときは相手の目を見る、相槌を打つ、間を空ける、聞き直す、などの基礎的なスキルがきちんとできているかにも留意しましょう。

1

手がかり④ 勉強で困らないための手がかり

説明したばかりなのにすぐに聞き返します

こんな子がいませんか？

4年生のAさんは、授業中の態度は悪くないし不注意もなさそうですが、説明しても一度で理解できないようですぐ聞き返してきますが、聞き間違いも多いです。例えば、「京都市」を「きょうかしょ」と聞き間違えたり、「田舎」と「ひなた」を間違えたりします。指示もなかなか通らず、行動もとんちんかんなことが多いです。

こんなことが考えられます

▶ 聴覚認知の問題

聴力検査で全く問題がなくても、言葉の聞き取りに困難を示す子どもがいます。脳では、言語を特別に処理しています。Aさんは、耳の働きは問題ないのですが、脳で言語を処理する（聴覚認知といいます）のが、苦手なのかもしれません。学校では、視覚情報と聴覚情報を組み合わせて学習しています。聞き取りが苦手な子どもは、先生や友達の話している内容が理解できないことがあります。うまく聞き取って理解することができないため、とんちんかんな行動になってしまうのです。

▶「話す」「読む」や「書く」などの学習の問題は？

聴覚認知に困難を示す子どもは、「話す」「読む」や「書く」ことも苦手なことがあります。知的な発達に比べて、明らかに学習の問題がある場合、

学習障がいが疑われるケースがあります。「読む」ことだけ極端に苦手（読み間違いが多い、行を飛ばして読むなど）な子どももいますし、「話す」「読む」「書く」などのすべての領域が苦手な子どももいます。4年生なら周りの子どもと比較して、どの領域でどの程度遅れているかを評価することが必要です。

こんなふうに対応してみたら？

▶ どのくらい聞き取れているのかを知っておく

例えば、「昨日、お父さんと弟と私で、スーパーマーケットに行ってアイスクリームを買ってきた」という文章を読み上げて、復唱させてみましょう。4年生なら大きな間違いはないはずです。いくつも間違えていたり、思い出すのに考え込んでいたりするようなら、何らかの聴覚認知の困難があるかもしれません。「また聞いていなかったの!?」という叱責は、子どもを萎縮させるだけでなく、学習意欲さえ失わせてしまいます。教師が「ゆっくり話す」「1つずつ指示する」ことに気をつけると、子どもの認知面の困難さを助けることにつながります。

▶ 専門機関との連携

社会性や行動に問題がある場合は目立ちやすく、先生にとっても対応の必要性を強く感じる傾向にあります。一方、学習の問題が顕著な場合、保護者と問題を共有することなく「様子をみていこう」となってしまうことが多いようです。学習に何らかの困難性を持っていても大人に気づかれていない子どもは、実はたくさんいます。専門機関も少しずつ増えていますので、保護者とよく相談のうえ、専門家に相談することも重要だと思います。

⚠ ここにも注意！

学習障がいとADHD、または学習障がいと自閉症スペクトラム障がいなどは合併しやすいことが知られています。ADHDの不注意が強い場合、それが学習に影響することもあります。何らかの発達の問題を持っている子どもは、他の発達障がいのリスクも高くなることも知っておかれたほうがいいでしょう。

2 なかなか漢字が覚えられません

手がかり④　勉強で困らないための手がかり

こんな子がいませんか？

　これはA君のノートです。「田」や「入」などの漢字を何度も間違えながら書いています。しかし正しい形で書字することが難しい状態です。

こんなことが考えられます

▶ 書くスキルの問題

　右の図のような、筆圧が極端に弱かったり、書き順が曖昧だったり、「っ」「ゃ」「ょ」の書き間違いが頻繁に認められる場合は、「書く」スキルに困難を有していると考えられます。これらの特徴的な傾向がなくても、漢字の定着が著しく低い場合も、何からの発達の問題が存在する可能性があります。

▶ 視覚認知の問題

　視覚認知とは、「目で見た形や色などを理解する」ことです。視力は正常でも視覚認知に困難があると、正確に形や立体を認識できないために、字を覚えにくい、書き間違いが多い、図形の理解が苦手、手先の作業が苦手、左右を認識しにくい、といった問題が生じます。

こんなふうに対応してみたら？

▶ どの程度書けているかを正確に把握する

　漢字を覚えられないという多くの場合、ひらがなの習得でも苦労したというエピソードがあります。実際にはまだ書けるようになっていない（あるいは忘れてしまっている）ひらがながないか、正確に評価しましょう。カタカナも同様に評価します。ひらがなとカタカナで混乱している段階で

は、漢字習得は困難です。

　具体的には、①きちんと読めているか、②流暢に読めているか、③書けているか、の順で評価するとよいです。①と②でつまずいている場合、「読み」の練習を中心に継続するといいでしょう。

▶「とめ、はね、はらい」や書き順について

　小学校低学年の初期の書字学習では「とめ、はね、はらい」や書き順がとても重視されます。きちんとはらっていなかったり、画数が違っていたりすることでバツになった、ということもあります。元々漢字が苦手な子どもにとってはやや残酷な話です。大切なのは、「きちんと読めているか」「意味が理解できているか」「正確に形を認識しているか」です。

▶ 認知特性を理解する

　「読む・書く・計算する」の処理には脳の特定の領域の活動が深く関わり、さらに連合的な脳領域が複雑な処理をしていることがわかっています。多くの子どもが当たり前のようにできていても、その複雑さゆえにつまずく子どもも少なからず存在します。学校では専門的な認知検査の実施は困難ですが、目の前の子どもの認知特性（形がとらえにくい、言葉の理解が困難、漢字の定着がわるい、など）を理解することは重要です。

⚠ ここにも注意！

　子どもの頃、「間違えたら100回練習しなさい」と親や先生に言われたという経験が先生方にもあるかもしれません。その影響か、「繰り返し練習すれば必ず覚えられる」と多くの人が信じています。しかし読みの困難性や形の認識の問題を持っている子どもたちには、それほど効果はないようです。逆に苦行のような反復練習を強いられることで、漢字学習に強烈な嫌悪感を持ち、練習している間にどんどん違う形の漢字を覚えていってしまった、ということにもなりかねません。

3 黒板の文字をノートに正確に写せません

手がかり④ 勉強で困らないための手がかり

こんな子がいませんか？

　小学2年生のAくんは黒板に書かれた文章をノートに書くと、書き間違いが多く、乱雑です。何度も書き間違えて消して直します。練習させてもなかなか定着しません。

こんなことが考えられます

▶ 視覚的な短期記憶の弱さ

　記憶とは簡単にいうと、以下の順に処理することです。
①覚え込み
②保持（覚えたものを維持する）
③思い出す

　まずA君は①〜③のどこでつまずいているかを評価しましょう。

　①の困難だと、「新しいことが覚えられない」……黒板をいくら見ても覚えられない。

　②の困難だと、「覚えたことを数秒で忘れてしまう」……ノートに目を移すと忘れる。

　③の困難だと、「覚えたことを間違えて出力してしまう、または思い出せない」……ノートに写している最中に間違える、忘れる。また前回どこまで写したか忘れる。

　また、漢字の項（60頁）で説明した、視覚認知の問題が合併している

ケースもあります。例えば、よく行を飛ばして書いていたり、頻繁に鏡文字を書いていたりする場合です（その場合、保護者とよく相談の上、専門的機関に相談することもよい方法だと思います）。

こんなふうに対応してみたら？

▶ 黒板への書き方を工夫する

1文字ずつ黒板とノートを交互に見ながら必死に写す子どもがいますが、先生が白いチョークで次々に書き足していくと一体どこまで写したのかわからなくなります。できるだけチョークの色を変える、文字の大きさを変える、段を変えるなどの工夫してあげましょう。

▶ マス目の大きいノートや、持ちやすい鉛筆を使う

ノートは基本的に学年相応にする必要はありません。その子が書きやすいノートを使用させることが重要です。最近は様々に工夫された筆記用具が販売されています。不器用さが目立つ子どもであれば、その子にあった用具を使いましょう。また、マス目の空け方や、行替えの仕方など、書く前に一つ一つ教えておいてあげるといいでしょう。

▶ 時間を確保する

授業の終わりに、「さあ書きましょう！」と言うと、早く終わりたくて急いで書いてしまい、余計に乱雑になります。書く時間やそれを吟味する時間、先生がチェックしてミスを直したり褒めたりする機会等を保障したいものです。

⚠ ここにも注意！

これまで教育相談で、小学校4年生でIQが130と極めて高いものの、重度の「書き障害」と診断された男児の経験があります。知識も豊富で難しいテーマでも流暢に話しますが、ひらがなの約20％とカタカナのほとんどが書けませんでした。そこでその練習と並行してパソコンのワープロソフトを活用した学習も進めました。ひらがなやカタカナレベルの書字学習はある程度必要と思いますが、高度な漢字や英単語などの習得や使用には、その子どもに合った言語媒体を補助的に活用してよいと思います。

手がかり④ 勉強で困らないための手がかり
計算ミスが多く、数の概念が理解できません

こんな子がいませんか？

4年生のAさんは簡単な足し算割り算はできますが、繰り上がりや繰り下がりが出てくるとよく間違えます。時々130を10030と書くなど、数の概念が理解できていないようです。

こんなことが考えられます

▶ 数の概念が未成熟

数の概念には2つあり、基数（10冊、15個など）と序数（前から10番目、最後から4番目など）の概念が統合されて、算数ができるようになります。これらは別々に発達するので、個数を数えることが苦手な子どもはよく混乱します。

一方、「3＋5＝」とか「4＋5＝」の練習は学校でよくやりますので、できるようになるのですが、数や量が大きくなってくると、概念化が未熟なのでよく間違えるのです。このような状態では筆算なども練習をすればできるようになることもありますが、数概念の発達にはつながっていない可能性があります。

こんなふうに対応してみたら？

▶ 認知発達のレベルを評価する

次頁の図のような課題をやってみましょう。間違えた場合には、「保存の概念」がまだ獲得できていないと考えられます。また、「前から3番目の人に、3番目に長い棒を渡してみましょう」という問題で数の概念がどこまで獲得しているかを評価してみるとよいと思います。いくら2年生レベルの筆算ができているといっても、単純な練習効果が現れているだけか

もしれません。子どもの認知発達のレベルにあった課題を提示することで、発達を促進することができます。よって、子ども理解や発達の評価が重要になるのです。

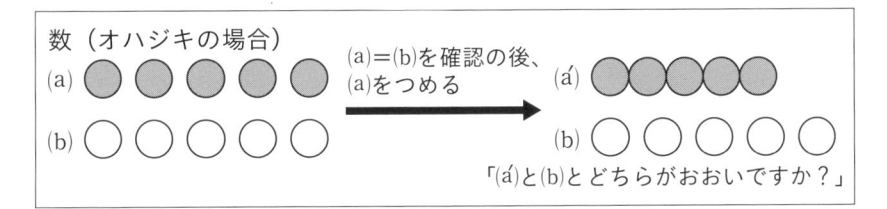

```
数（オハジキの場合）
(a) ●●●●●      (a)＝(b)を確認の後、    (á) ●●●●●
                 (a)をつめる
(b) ○○○○○                            (b) ○○○○○
                                 「(á)と(b)とどちらがおおいですか？」
```

▶「数える」、「集合から取り出す」、「系列を対応させる」練習

　具体物を並べて、正確に安定的に数える練習が効果的です。10と20の量的な違いが具体物でわかるようになると、数概念獲得につながります。また、「10個のおはじきから5個取り出す」「20個のおはじきから7個取り出す」練習や、「前から5番目は誰？」「後ろから3番目は誰？」などの練習も効果的です。

▶ 文章題や難題で混乱させない

　計算ができるようになってくると、文章題や少し高度な問題にチャレンジできるようになります。しかしあくまで発展的な扱いにしておいたほうがいいでしょう。数概念の理解と文意を理解して思考することには大きな距離があります。できることを増やし、自信をつけて練習を継続していくことが最も重要だと思います。

⚠ ここにも注意！

　「漢字100回書きなさい」と共通していますが、計算プリントをたくさんさせるという方法は、場合によってはマイナスの効果をもたらします。認知面での発達段階を正確に評価して、子どものレベルに合った問題を、適切な練習量でやっていくのが望ましいでしょう。

1 手先の使い方が不器用です

手がかり⑤ 身体がうまく使えるための手がかり

こんな子がいませんか？

先生「折り紙に書いた線に沿ってハサミで切って下さい」
　A君は一生懸命ハサミを握って切っていますが、どうしても線から外れてしまい、うまく切れません。

こんなことが考えられます

▶ 発達性協調運動症

　手先の不器用さについては、発達性協調運動症（Developmental Coordination Disorder：以下DCD）といった疾患概念があります。協調運動とは、別々の動作を一つにまとめる運動です。例えば、皿を洗う行為は、皿が落ちないように一方の手で皿を掴み、もう一方の手でスポンジを握って皿をこするという、2本の手が別々の動作を同時に行うという高度な協調運動が必要です。DCDはこの協調運動に障がいがあるため、粗大運動（体の大きな動き）や微細運動（指先の動作）に困難を来すのです。このDCDは5～11歳の子どもで6％いるとされています。症状は手先の不器用さに加え身体全体の使い方にもみられます。具体的には、幼児では歩き方全体がぎこちない、走る、跳ぶ、階段の昇降を覚えるのが遅い、靴ひもを結ぶこと、ボタンの掛けはずし、キャッチボールの習得が困難、小

児では、物を落とす、つまずく、障害物にぶつかる、書字が下手、描写力が不良、ジグソーパズル、構成的玩具、模型の組立て、ボール遊び、地図を描いたり読んだりすることが下手といった特徴があげられます。

▶ 視覚認知の弱さ

　A君の手先の不器用さはこのDCDによるものが考えられますが、また視覚認知に問題がある場合も起こり得ます。折り紙に書いた線が細くて認識し難い可能性もありそうです。

こんなふうに対応してみたら？

▶ 正しい姿勢と指先のトレーニング

　手先が不器用だといっても指先だけの問題ではありません。身体全体の姿勢や腕の位置や使い方が手先の動きに影響を与えます。例えば立った姿勢で、両腕を大きく開いたまま指先の細かい作業を行ってみてください。とてもやりにくいことがわかります。ですので、まず姿勢を正しく整え腕や手首が適切な角度になっているか確認します。その上で、積み木をできるだけ高く積む、ハサミを使って新聞紙をできるだけ長く紐状に切る、テニスボールを2段積んでみる、紐を使って片蝶々結びの練習をする、などといった指先を使ったトレーニングを継続して行っていくといいでしょう。

▶ わかりやすくするための工夫

　視覚認知の問題が疑われる場合は、線に沿って切るなら線を太くしてみるという方法を試してみるとうまくいくことがあります。

⚠ ここにも注意！

　姿勢の悪さには筋肉の調整機能に問題がある場合もあります。特に筋肉の緊張が弱い低緊張の子どもは関節が柔らかであり、まっすぐ立ってもお腹が出るような姿勢になってしまい、そもそも"姿勢が悪い"といった感じに見えます。姿勢が悪いと上に述べたように手足の動きにも影響を与え、適切なボディ・イメージができにくくなります。このような子どもには筋肉に持続的に力を入れる運動（例えばV字腹筋やV字背筋など）が効果的です。

2 手がかり⑤ 身体がうまく使えるための手がかり
物によくぶつかる、左右がわからない

こんな子がいませんか？

（1）先生「A君、こっちに来て」
　A君は先生の方へ行こうとしましたが、途中で身体を机にぶつけひっくり返してしまいました。
（2）体育の時間に前に先生が立って運動会で踊りの練習をしています。
先生「A君、左右が逆だよ」
　A君は周りをみて自分だけ左右が違うのに気がつきました。

こんなことが考えられます

▶ ボディ・イメージの乏しさ

　ボディ・イメージがうまくできていないと物によくぶつかります。その原因として「①固有受容感覚」と「②感覚の認知機能」がうまく働いていないことが考えられます。①は筋肉や関節にあるセンサーのようなもので、無意識に自分の手足がどのような位置にあるかを教えてくれます。②の代表的なものは目です。例えば、目を閉じ机の上に置いたボールを手で取る際、大体の位置を記憶していると、どのくらい手を伸ばせばボールに届くかは大体予想がつきます。これは①による働きで、目を閉じていても手をどのくらい伸ばしたかといった距離感がわかるのです。次に目を開けることで実際はあとどのくらいで手がボールに届いたかが確認できます。これ

が②の目による認知機能です。その情報を基に脳はうまくボールに届くようにさらに手に修正の命令を出すことでボールを確実に手にとることができるのです。①と②の協調がうまくいかないとボディ・イメージがつかめないのです。

▶ 模倣が苦手

　左右がわからないことで困るのは相手の真似をするときです。左右がわからないと言っても「右手を挙げて」と言えばすぐに右手を挙げることができますが、先生が右手を挙げて「真似をして」と言ってもA君はすぐに右手を挙げることできません。これは相手のボディ・イメージをうまく自分に置き換えられないことに原因があります。

こんなふうに対応してみたら？

▶ ボディ・イメージ向上のための運動

　適切なフィードバックが受けられるような運動が効果的です。例えば棒を使った運動があります。棒は新聞紙を丸めた棒などを使います。まず棒の端を片手で持って、目を閉じて身体の周りを身体に当てないようにゆっくり回し、反対の手で棒のもう一端を受け取るといった運動です。棒が手の延長となり、うまくいけば棒の先端を掴めるといったフィードバックも得ながら、より正確な身体部位の空間的位置関係を意識する練習ができます。

▶ 模倣の練習

　左右がわかるためには模倣練習が効果的です。子どもと向き合い、先生が様々なポーズをして自分と同じ身体の動きを子どもに模倣させます。ただし鏡像ではなく先生の立場に立って模倣させるのです。これを繰り返すことで相手のボディ・イメージを自分に置き換える練習になります。

⚠ ここにも注意！

　感覚の認知機能に問題がある場合では特に視覚認知が問題になっているケースもあります。うまく運動が行われているか補正をする目の役割がうまくいっていない場合です。これには細かい図形を描き写すという作業を続けることで改善が見込めます。

3

手がかり⑤ 身体がうまく使えるための手がかり

力加減ができません

こんな子がいませんか？

先生「隣の人の肩をゆっくり叩いてください」
　A君はCさんの肩をドンドンと叩きました。
Cさん「痛い！　もっと優しく叩いてよ」
A君「軽く叩いたよ」

こんなことが考えられます

▶ 力のフィードバックがうまく働いていない

　A君は特別に力が強いのでしょうか？　そうではありません。これは自動車でたとえるとどのくらいアクセルを踏めばどれだけのスピードが出るのかといったことが正確に掴めていない状況に似ています。A君はいつもアクセル全開にしているといった感じです。この原因として筋肉の固有受容感覚と運動に対するフィードバック機能がうまく働いていないことが考えられます。どう力を入れればどのような結果が返ってくるかといったフィードバックは、なかなか日常生活の中では体験できません。上の例ですと、Cさんから「痛い」と言われて初めてわかることなのです。A君は力を思いっきり入れて叩いても、相手が何も言ってこなければ、A君はこの力でいいのだと間違って学習してしまうこともあるのです。

こんなふうに対応してみたら？

▶ まず全力を知る

　力加減を学ぶ上で、まず全力を出すということはどういうことかを知っておく必要があります。全力を出す練習として、壁押しがあります。手の平を壁につけ全力で押してみます。

▶ 力を数字に置き換える

　そして徐々に力を抜いていきます。全力を5の力、そっと触れる力を1として、先生に言われた数字の力を出す練習をします。「力を抜きなさい」と指示するよりも、「2の力で押しなさい」と指示することで力の加減を学びます。先の例ですと、「人の肩を叩くときは2の力で叩きましょう」と伝えるといいでしょう。また2人でペアになり手の平を合わせていろんな力で押し合ってみましょう。相手の力を感じながら力加減を練習することができ、より効果的です。

▶ 力を見えるようにする

　握力の加減では、紙粘土を用いて、5段階の力で握った形を表現してみましょう。力が視覚化でき結果のフィードバックにも効果的です。

⚠ ここにも注意！

　重い物を動かすとき、力の強さだけが問題になるのではありません。力の入れ方、姿勢、タイミングなど様々な要素が関係します。シーツに人を載せて引っ張るというシーツ引き練習では、ただむやみに力を入れて引くよりも腰を落としてゆっくり引くほうがうまくいくことが体験できます。力を入れなくても工夫次第で重い物を動かせる、ということを学ばせると、無駄に大きな力を入れる必要がなくなります。

1

手がかり⑥ 保護者とうまく協力するための手がかり

問題を親にどう伝えたらいいかわからない

こんなケースはありませんか？

担任の先生から以下のような相談を受けることがあります。

（1）先生「クラスの中に、発達障がいのある子どもがいるのですが、保護者にどのように伝えたらよいですか」

（2）先生「保護者の方に、専門機関や病院を紹介したいのですが、どうしたらよいですか」

（3）先生「保護者に障がいのことをわかりやすく説明してくれる専門家はいますか」

こんなことが考えられます

保護者と共通理解を深めていくことが何よりも重要なのはわかっているのですが、実はうまくいかないケースも多いのです。失敗するケースの共通点を探ってみましょう。

▶「障がい」があると決めつけている

インターネットを中心にメディアには情報があふれています。安易にチェックリスト方式で障がいの有無を断定するサイトもあります。診断は医師がするべきものですし、専門医でも発達障がいの診断は難しいことが多いのです。教育の立場から、子どもに障がいがあると判断するのは慎重であるべきです。

▶ 専門家や専門医に告知してもらおうとする

専門家や専門医に相談に行くのは、診断名をもらうのではなく、治療的教育に向けて、具体的なアドバイスをもらうためです。診断が重要なことは言うまでもありませんが、それまでにどのような取り組みをしてきたか、子どもをどう理解しているか、が重要です。そこが曖昧だと、保護者との

信頼関係が崩れてしまいます。

こんなふうに対応してみたら？

▶ 子どもと保護者と学校が共通して取り組みたい問題（課題）を共有する

子どもは叱られることが苦痛で、保護者は「学力の遅れ」が問題だと考えていて、先生は「生活態度（忘れ物など）」が問題だと考えている場合、それぞれがうまく噛み合わなくて、前に進めません。「毎日先生に褒めてもらえるように、漢字10個だけ練習する！」という目標が三者で合意できれば、互いの信頼関係が深まります。子どものつまずきを共通認識できれば、子どもがどのように苦しんでいるのか、どの程度遅れがあるのかも共通理解できるようになります。保護者と先生が同じ方向を向いていることが重要です。

▶ たっぷり時間をかける

子ども、保護者、先生の3人4脚の態勢が整うまでには相当の時間がかかります。毎日の連絡帳、家庭訪問、懇談会など、あらゆる方法と時間を使って子どものつまずきや長所の共通理解が必要です。家庭と学校が一緒に取り組んでいる（例えば忘れ物チェックなど）ことは、フィードバックもしやすいです。あせらずたっぷり時間をかけて子どもを育て、信頼関係を作っていくことが重要です。保護者の方から、「信頼できる専門機関はありませんか？」と聞いてくれるくらい時間をかけてよいのです。診断名をもらうのは、様々な取り組みを試した最後でもよいのかもしれません。

⚠ ここにも注意！

実際に通常学級の先生は、40人近くの子どもたちを担任しているわけですから、上記のような取り組みが現実的に不可能なケースもあると思います。こんなときこそ、校長先生や教頭先生、特別支援教育コーディネーターや校内特別支援委員会に遠慮せず相談しましょう。また教育委員会の指導主事や相談員の方に相談する方法もあります。

2 問題を認めようとしない親がいます

手がかり⑥ 保護者とうまく協力するための手がかり

こんなケースはありませんか？

（1）先生「教室で落ち着かないことが多いのです。はしゃいだり、大声を上げたりすることがあります」
保護者「家ではそんなことはありません。昨年もそんなことを言われたことはありません」
（2）先生「周囲に迷惑をかけてはいけないことは、おうちのほうでもご指導お願いいたします」
保護者「塾では真面目に授業を受けていると言われています」

こんなことが考えられます

　学校や先生が、「保護者の方がこちらを信用してくれない」と悩む事例は多いと思います。実は保護者の方が「学校はこちらの言うことに耳を貸してくれない」と悩むケースも相当存在します。子どものことで相互に理解し合いたくても、このような状況では、一番被害を受けるのは子ども自身です。特に学校生活がうまくいかなかったり、発達に何らかの遅れがあったりする子どもの場合、一層きめ細やかな支援が必要です。保護者と信頼関係を構築する上で、目を背けてはいけない点があり、保護者もその点については厳しく学校を評価していると考えてよいでしょう。

▶ 学級の荒れはないか

　学級が荒れている場合や、学級崩壊に近い状態の場合、普段はおとなし

くて真面目な子どもでも顕著な行動の問題を示すことがあります。発達の問題があるなしにかかわらず、"昨年のクラスでは問題なかったのに、今年は急に問題行動が増えた"というケースでは、不信感を抱いているのはむしろ保護者のほうといってよいでしょう。

▶ 不信感を持たれるような発言や行動はなかったか

多くの人間関係のこじれと同様、うまくいかない関係では、自身が気づいていない言動がきっかけになることが多いようです。例えば、自分の子どもがみんなの前で強く叱られたり、「こんな問題ができないの？」となじられたりすれば、保護者にしてみれば苦痛です。2、3回続けば、不信感を抱くこともあり得るでしょう。学校側のロジックでいえば、「当たり前のことを叱った」つもりでも、保護者に防衛的な態度をとらせるきっかけになることがあります。

✱ こんなふうに対応してみたら？

昨年と今年で場面によって子どもの態度が大きく異なる場合は、学習環境が良くないか、その子に合わない可能性があります。昨年の担任の先生によく相談してみましょう。また学級の荒れが原因になっている場合には、校内の先生方の協力が不可欠になります。塾では真面目に勉強している、といったケースでは、率直に塾の様子を聞いたり、あるいは見学したりして、必要に応じ、その場面の良いところを真似してもよいと思います。保護者の方に気軽に授業参観していただくことも信頼関係を深める良い方法だと思います。

⚠ ここにも注意！

もし学校側に不信感を抱かせるような言動があったとしたら、どんな小さなことでも率直に謝罪するのが最も良い方法だと思います。そのようなことが全く見当たらない場合、機会を設定してじっくり話し合いをする必要があります。担任の先生だけでなく、養護教諭や生徒指導の先生、特別支援教育コーディネーターにも話し合いに入ってもらうといいでしょう。また母親だけでなく、両親と話し合う機会を設定することも効果的です。

3 家庭での指導はどうすればいいのでしょう

手がかり⑥ 保護者とうまく協力するための手がかり

こんなケースはありませんか？

担任の先生からのよくある相談

（1）「A君はよく忘れ物をします。提出物も遅れがちです。A君本人にも注意をしますし、個別懇談会でも忘れ物を少なくするよう話をしましたが改善しません」

（2）「B君が学習面で遅れています。宿題を出してもほとんどやってきません。宿題を少なくしたり、個別で指導したり工夫をしているのですが、どのように家庭に協力してもらえばよいでしょうか」

こんなことが考えられます

保護者の方の仕事が忙しかったり、家庭の事情で十分に子どもに目が行き届かなかったりする場合、生活が荒れていることがあります。また保護者が子どもに対してどう対応すればよいのかわからなかったり、子どもへの関心そのものが薄かったりする場合もあります。

こんなふうに対応してみたら？

▶ 生活面（忘れ物、提出物、遅刻）での指導

低学年では、家庭の影響が大きいと考えられます。大切な持ち物は個別に保護者に伝えて、本人が困らないようにすることが重要です。一方で鉛

筆や消しゴムなどの文具の整理については、毎日丁寧に指導し、「こんな風に伝えたら忘れ物が減りました」と保護者に協力を呼びかけると効果的でしょう。

高学年になると、保護者も「何度も注意しているけれども聞いてくれない」というケースもあるでしょう。保護者も困り果てている場合、学校側が協力できる良いチャンスです。「子どもが一番困っている」という理解が保護者と学校で共有できれば、自ずと優先順位が見えてくると思います。

▶ 学習面での指導

①学校・保護者の役割を明確に

保護者が勉強を教える場合、過度に叱りすぎたり、手が出たりして、実際にはうまくいかないことが多いものです。宿題は短時間で自分でできるものとし、保護者にはその解答をしてもらうという役割分担が効果的です。勉強を教えるのは「学校」、習慣づけるのは「家庭」と考えるとよいでしょう。先生は宿題の量も配慮し、最初は少しから始めて定着させることを第一目標としましょう。

②生活習慣の改善を中心に

家庭学習に問題がある場合には、「勉強する環境や時間が確保されていない」ことが多いと思います。ゲームやテレビなどの時間がコントロールできないという、生活の問題が学習に影響を与えているケースでは、勉強そのものよりも、生活習慣の指導が中心となります。ここに関与できるのは保護者が主ですが、学校側としてもゲームの時間を設定したり、宿題をする時間を決めたりするときは、子どもと保護者と先生が一緒に話し合うとよいでしょう。

⚠ ここにも注意！

教育相談では、「おうちの方の理解が十分ではありません」という先生の主張と、「学校側が理解してくれません」という保護者の主張が対立することがあります。2、3回の話し合いでは子どもや家庭を理解することはできません。じっくり腰を据えて、短い時間でも何度も話し合いの場を持つことが重要です。

手がかり⑥ 保護者とうまく協力するための手がかり

他の子の親にも理解して欲しいです

こんなケースはありませんか？

　A君は、友達とうまく関わるのが苦手です。周囲の状況が読めず、腹が立ったときも気分の良いときもすぐに手が出たり押したりしてしまいます。手加減ができないので、女の子を泣かせてしまうこともよくあります。授業中も落ち着かず、立ち歩いたり大声を出したりして授業が止まってしまいます。自閉スペクトラム症という診断を受けており、保護者とも連絡を密にしています。あるとき、複数の保護者から、次のような相談がありました。

保護者B「今日もうちの子がA君に叩かれて泣いて帰ってきました。明日から学校に行きたくないと言っています」

保護者C「今はA君のとなりの席なのですが、うるさくて授業中落ち着かないと言っています。またA君に消しゴムをとられたようです」

こんなことが考えられます

　A君への関わりも含め、先生は学級経営にも力を入れ、全力で頑張っているのにうまくいかない……八方ふさがりの状態です。学校でのトラブルに対して、保護者が管理責任を質すのは当然といえるでしょう。学校側の努力も理解して欲しいのですが、トラブルが多いとどうしても保護者の不信感が増大してしまうのです。

こんなふうに対応してみたら？

▶ 学級・学校内でのトラブル減少に最善を尽くす

　特に手を出して相手の心身を傷つけるような場面は未然に防がねばなりません。集団で活動するときは、担任の先生以外の先生に付き添ってもらうのもよいですし、特に休み時間は教職員で分担して目を行き届かせる必要があります。大きな集団で興奮するのであれば、1日の中で個別（あるいは少人数）で自分のペースで学習する時間を確保してあげたいものです。1週間〜1カ月このような体制を組むと、トラブルが激減し、学校側の努力が保護者に理解されやすくなります。

▶ 遠足や社会見学、発表会などで保護者の協力を得る機会を増やす

　学校外に出かける機会に保護者に協力を呼びかけ、ある一定の場所に立って子どもたちに声をかけていただくとか、授業参観でなくとも小さな学習発表会でも自由に保護者に参観してもらうなど、とにかく学校・学級に来てもらい、保護者の協力を得る機会を増やすと効果的です。自然な形でA君の状態を理解してもらうことにつながりますし、大人の目が増えることで、トラブルを抑制する効果も期待できます。

　一方、「臨時懇談会を開いてA君の障がいや状態を保護者に説明する」という方法は、あまりうまくいかないこともあります。そのような保護者会はかえってA君にとってもA君の保護者にとっても後味の悪いものになりがちです。

⚠ ここにも注意！

　学級担任の責任はきわめて重く、事故や事件があったときの心労ははかり知れません。40人近くの学習指導や生活指導、健康管理に気を配らないといけないわけですから、スーパーマンでも完璧にはできません。学級経営がうまくいかないときには、まず先生自身のメンタルヘルスに配慮してください。すべて自分の責任だと決めつけず管理職に相談して下さい。"3人寄れば文殊の知恵"と言います。そのような学校組織でありたいものです。

5 手がかり⑥ 保護者とうまく協力するための手がかり
家庭環境が不明です

こんなケースはありませんか？

　A君は学習の遅れが目立ち、忘れ物が多いので気になっています。それ以上にいろいろな理由があってよく学校を休みます。懇談会も保護者が来られないことが多く、家族関係も不明瞭です。
（1）A君の保護者「今日は病院に連れて行きますので休みます」
先生「何か病気になったんですか」
保護者「はい、ちょっと」
（2）A君の保護者「実家で不幸がありましたので、しばらく休みます」
先生「お気の毒です。どなたがお亡くなりになったのですか」
保護者「ええ、身内の者です。あと、懇談会も行けません」

こんなことが考えられます

　A君の学力の遅れが気になるので、頻繁に欠席することが気になりますし、そのことで時間をかけて相談したいと思っているのに、なかなか機会が得られません。このような関係で数年経ってしまうことも考えられます。またそれぞれの家族には様々な事情があります。ですから、学校が過剰に背景を探ったり介入したりすることは慎まなくてはなりません。とは言っ

ても、子どもが学習する機会を奪われたり、保護者が養育責任を果たしていないことが疑われる場合もあります。特に以下の2点に注意しましょう。

①本人が学校に来たいと思っているのに（親の都合）で長期間学校を休ませている。
②身体的・性的・心理的虐待、もしくはネグレクトがあった。

しかし先生１人の判断では危険ですので、管理職を含め、ケースによっては教育委員会や子ども家庭センターの専門家らと十分協議の上、上記の２点を確認してみて下さい。

こんなふうに対応してみたら？

▶ やり取りする機会を増やす

子どもが学校に来ているときは、連絡帳や電話などで必ず保護者と話をするようにしたらよいと思います。今日頑張っていたことなど、褒める内容なら保護者が避けることもないでしょう。そのうちにご自身の問題や家族間の葛藤など、問題の背景に触れることがあるかも知れません。ただ、子どもが安心して学校生活が送れることが最優先ですので、カウンセラーのように私生活の悩みを聞いて問題解決に導くことは避けたほうがいいでしょう。

保護者の方が子どもに対してどうしたらよいか悩んでいる場合には、積極的に相談に乗りたいものです。どんなときも、学校側が「時間をかけて、じっくりやりましょう」という姿勢を示すことが重要です。

⚠ ここにも注意！

きわめて稀なケースですが、代理ミュンヒハウゼン症候群による虐待も報告されています。代理ミュンヒハウゼン症候群とは、周囲の関心を引き寄せるためにケガや病気を捏造する症例ですが、その傷つける対象が自分自身ではなく他人（母親の場合、自分の子ども）です。気がついたら重大なケースだったということもあります。虐待に対する社会の目はかつてなく厳しくなっており、少しでも疑いがある場合には積極的に介入することが求められています。

1 これは虐待でしょうか

手がかり⑦ 支援者連携がうまくいく手がかり

こんな子がいませんか？

　小学2年生になるA君は今日学校に来ていません。A君は母子家庭ですが家庭の状況がよくわかりません。先生が家に電話してみるとA君がいました。先生は午後にA君の家を訪ねてみました。A君が出てきましたがお母さんはいないようです。

先生「何してたの？」
A君「ゲームしてた」
先生「昼ご飯は食べた？」
A君「さっきお菓子食べた。お母さんは夜遅くならないと帰らないよ」
先生「夜ご飯はあるの？」
A君「お菓子食べる」

　先生は、A君が給食の時間に目の色を変えて必死にガツガツ食べていたのを思い出しました。

こんなことが考えられます

▶ 虐待の可能性を念頭に

　虐待には身体的虐待、ネグレクト、心理的虐待、性的虐待がありますが、虐待の疑われるサインは様々です。身体的虐待の場合、身体に痣があったりするとわかりやすいですが、ネグレクトや心理的虐待はとてもわかりにくいです。A君の場合、ご飯が準備されていないことで大人にとっては一食くらい抜いてもたいしたことはないと思いがちですが、成長期の子どもにとって食事の意味合いは違います。大人は空腹を補いすでにできあがった身体を維持するために食事を取ればいいのですが、子どもはこれから身体を作るために食事を取る必要があります。大人と子どもとでは一食の意味合いが違います。食事を抜かれることはまさに生死にも関わる大事件な

のです。食事の用意をしていないというのは、A君の生命を脅かしてしまう可能性もあります。ここで考えられるのはネグレクトかもしれません。

こんなふうに対応してみたら？

▶ 子どもの観察とケース会議を

まずA君の様子をしっかり観察しましょう。先生が訪れた日にたまたまお母さんの帰りが遅くなって食事がまだ準備されていなかったのか、それとも毎日のようにそんな日があるのか、食事以外にも忘れ物や欠席・遅刻の数、服装、学校での生活の様子なども参考になります。A君の状態を客観的に観察し、それらを記録に残すことが大切です。A君の場合もこのような日が何日も続くようであれば、子どもの成長を妨げることになり、子どもの安全を守るために支援の方策を具体的に考える必要性があります。校内でケース会議を持ち、担任一人ではなく学校全体として家族状況の把握を行い、誰がどう子どもに声をかけ、母親と話をするか、情報を集めるか、また児童相談所への通告についても検討します。

⚠ ここにも注意！

虐待と聞くと「殴る、蹴る」というイメージを持つことが多く、そのような行為のみにとらわれてしまいがちです。「Abuse」という言葉は、虐待ではなく「保護者の力の濫用・誤用」という意味です。心の中では虐待ではなく「不適切な養育」という表現に置き換え、保護者がその状況に至る背景を想像し、保護者を「子どもを共に育てるパートナー」として支えていく覚悟も必要になります。一番子どもに近い担任の先生が子どもの状況を肌で感じ心が痛みます。誰もが何とかしてあげたい気持ちになり、保護者への怒り、無力感を感じたりします。その気持ちを自覚しつつ、子どもの代弁者として、担任としてできることを考えていくことで、子ども自身も大人に守られている実感を持つのです。

2 児童相談所が支援してくれない

手がかり⑦ 支援者連携がうまくいく手がかり

こんなケースがありませんか？

A君が顔に痣を作って学校に来ました。
先生「どうしたの？」
A君「……」

放課後、じっくりA君に話を聞いてみると母親から時々叩かれていることがわかりました。その後、母親に連絡をとってもなかなか会ってもらえません。再度、同じようなことがあったため、校内で協議し児童相談所へ通告をしました。すぐに児童相談所の担当者が母親と面会してくれたようです。しかしその後、A君に聞いても母親は相変わらずA君への叱責が続いているようです。

こんなことが考えられます

▶ 施設入所は1割、在宅支援が9割

虐待を疑い児童相談所に通告した後に支援者からは次のような話が時々聞かれます。

「通告したのに、児相は何もしてくれないです」「親が依然として子どもを放ったらかしの状態です」といったものです。子どものために行動を起こし、良い結果を期待するのが支援者として当然の思いです。それなのに通告後も親の状況に進展がみられないと、「ちゃんと支援してくれない」と憤りさえ感じます。しかし実は児童相談所での虐待相談のうち子どもが施設入所になる割合は約1割です。残りの9割は在宅での支援が続くことになるのです。児童相談所の介入は親には一定の抑止力にはなりますが、

広域を守備する児童相談所には親子への細やかな支援はなかなか期待できません。A君が引き続き同じような状況で、親がなかなか変化しないことを目のあたりにし先生は無力感を感じてしまうのです。

こんなふうに対応してみたら？

▶ 学校でできることは4つ

各機関の機能と限界を知り、子どもを守るために最大限にできることは何かを考えます。学校でできることは、①虐待を発見する、②通告する、③子どもの安全を守る、④保護者を理解する、の4つです。その中で特に学校ができる一番大切なことは③になります。学校は子どもにとって長時間過ごす場所です。子どもの安全を気にかけておくだけでなく、子どもがいつでもSOSを出せるような信頼関係を作るために具体的に準備をします。例えば、A君への声かけや話を聞く時間の確保を担任や保健室の先生で、親への対応を管理職で、また、学校全体でもA君や兄妹の状況を観察するなどA君の安全確保のために動きます。このようにすることで、子どもは大人に守ってもらうという体験をしていくことになります。このように校内ケース会議と共に他機関とのケース会議も時期を決めて実施し、学校でできることと、地域の機関でできることの役割分担を具体的に決めていきます。

⚠ ここにも注意！

虐待ケース（特にネグレクトなど）は一朝一夕で大きな変化は望めません。関係機関と定期的にケース会議を持ち、親と子に何が起こっているのか、親や子の特性は何かを理解した上で具体的にアプローチし、小さな変化を見つけていきましょう。親の状況（ストレスの要因など）を知るだけでも親との関係は変わっていきます。ただし、怪我が続く、子どもや親の調子が良くないという情報をキャッチしたら、これとは別に緊急対応が必要になります。そのときには子どもに一番近い先生が具体的なリスクを挙げ、「すぐに対応しなければ子どもが危ない」という危機感を周りに伝えることが最優先になります。

3 手がかり⑦ 支援者連携がうまくいく手がかり
自分が担任のときは問題なかったのに…

こんなケースがありませんか？

　放課後、先生たちが集まりケース会議をしています。D先生が困っているA君のことについて発表しています。職員皆でどうしたらいいか話し合いを始めました。そこで昨年度のA君の担任でいつも厳しく指導しているE先生が言いました。

E先生「昨年、私が担任だったときはA君は問題なかったのですけどね」

D先生の表情が一瞬曇りました。

こんなことが考えられます

▶ 先生の問題ではなく子どもからのサインとみる

　「自分が担任のときは問題なかったのに」という発言の背景には「あの先生の指導方法が良くないのでは？」といった気持ちが少なからずあり、現在の担任を無言で責めている場合があります。上の場合も確かにD先生の指導方法が悪い場合もあるかもしれません。しかし「自分のときは問題なかったのに…」と言うことではA君への理解は深まらず、逆にA君を支えるはずのD先生を追い詰めてしまいます。前年とは異なるA君の問題行動の背景としてどんなことが想像できるでしょうか。例えば、

・厳しい先生には暴力をふるう父にその像を重ね、E先生にはおとなしく従っていた。

・父が失業し両親の喧嘩が増え家庭が不安定になった。

・クラスでの友達との関係の変化（友だちの中での孤立など）に戸惑っ

ている。
などが想像できます。これまでとは異なるＡ君の問題が出てきたことは、Ａ君を理解するためのサインになるのです。子どもは相手を見て態度を変えることが度々です。大人からのコントロールを受けた子どもほど人を見て自分を変えます。その子なりの処世術だったりするのです。

こんなふうに対応してみたら？

▶ もう一度、子どもの見立てを…

我々支援者としてはＥ先生やＤ先生の指導方法のあり方よりも、Ａ君の問題行動にある背景に目を向けることが大切です。どんなことが起こっているのだろう？　親との関係はどうなのか？　何かを伝えたいのだろうか？　そのような背景をもう一度じっくり考えてみましょう。

▶ 先生にも承認を

子どもの問題行動につきあうには多大なエネルギーが入ります。子どもから攻撃されると子どもを理解する前に怒りを感じ、Ｄ先生もＡ君のサインを見落とすかもしれません。子ども支援に大切なことは、先生自身が元気になることです。日々の雑務や親からのクレームなどで先生方は疲弊しています。さらに同僚からも理解されないと、子どもたちと関わることさえも自信をなくし、つらくなります。子どもや親にも承認が必要なように先生にもまた承認が必要です。まず、子どもを支援する仲間として、課題を抱え困っている先生の話を十分に聞き、その感情を受けとめ、承認することです。自らが受けとめられる体験があることで、子どもを受けとめる容量もまた大きくなります。

⚠ ここにも注意！

明らかに指導法が悪くて子どもが悪化するケースもあります。褒めるよりも叱る、頭ごなしにすぐ怒鳴る、自信を失わせるような言動をする、など不適切な指導がある場合もあります。そのような場合はケース会議等の中で外部者（スクールカウンセラーなど）に入ってもらい、必要なフィードバック（指摘）をしてもらうなどの工夫も一つの手でしょう。

4 手がかり⑦ 支援者連携がうまくいく手がかり
親にも障がいがあるのでは

こんな親がおられませんか？

親F「うちの子Aが先生が嘘をついてもいいって、と言ってましたが先生はどんな教育をしてるんですか？」

先生は"癌で死ぬかもしれない人に大丈夫ですよって嘘をつくこともあります"と時には嘘をついてもいい場合もあると子どもたちに話したことを思い出しました。先生はどうしてFさんが子どもの言うことを真に受けてしまうのか困ってしまいました。

こんなことが考えられます

先生が言ったことを額面通りに受け取ったり、言葉尻だけをとらえてクレームを言われる保護者がいます。また、伝えたばかりなのにまた同じことを聞いてきたり、逆に「そんなこと聞いていない」という保護者もいます。そのような保護者で可能性が高いのが知的能力障がいや自閉スペクトラム症を持つ場合です。

▶ 知的能力障がいの特性

物事の背景を想像すること、話を聞いて理解すること、急な予定変更に対処すること、物事の優先順位をつけること、などが苦手です。先生が口頭だけで説明されるときちんと理解できないことがあります。プライドがあるとなかなか「わからない」と言えず、時には一部聞き取れた文脈を取り違え被害的になることがあります。Fさんも先生の言葉の背景を理解できず先生を責めていますが、知的能力障がいなどが疑われるのです。

▶ 自閉スペクトラム症の特性

　高学歴で地位のある仕事についていたりするケースもありますが、こだわりが強くインターネットなどでいろいろと調べ重箱の隅をつつくようなことを聞いてきて、あたかも先生を打ち負かそうとするかのように感じられることもあります。

🔄 こんなふうに対応してみたら？

▶ 視覚的にわかりやすく伝える、優先順位を伝える

　Fさんと話すときはできるだけ簡単な言葉でゆっくりと短い文章で伝えましょう。「うん、うん」と頷いているからといって、わかってくれたと安心せず、本当に理解されているか随時確認されることをお勧めします。場合によってはわかりやすく紙に書いて伝えることも効果的です。保護者が混乱することがあれば優先順位を伝えてあげるとよいでしょう。

▶ 保護者にも承認を

　障がいを持った保護者は職場や近所等でも対人関係がうまくいかず自信をなくしストレスを溜めていたりする状況もあり、保護者自身も認められたいといった気持ちがとても強い場合があります。保護者との話し合いの際には、まず保護者のペースを観察して話を傾聴し意見を尊重して、指摘を受けたことに感謝の言葉を述べた後、真意を伝えるとよいでしょう。上の例ですと、「なるほど、A君はそのように聞こえたのですね。私の伝え方が悪かったのかもしれません。ご指摘いただいてありがとうございました。実はこういう風に伝えたのですが…」といった感じです。

⚠️ ここにも注意！

　普段、仕事が忙しくて子育てにあまり関われず、子どもへ負い目がある保護者ほど、子どもに何かあったときにクレームという形での訴えになります。特に知的障がいや自閉症スペクトラムの保護者は"これを言うと先生との関係がどうなるか"が想像できずに、ズバズバと攻撃的に言ってきたりします。そのような保護者には子育てや仕事の苦労などに対して労いの言葉を伝えるだけでも、態度を軟化させ穏やかに話し合えることもあります。

著者紹介

宮口幸治（みやぐち・こうじ）

立命館大学産業社会学部・大学院人間科学研究科教授。医学博士、日本精神神経学会専門医、子どものこころ専門医、臨床心理士、公認心理師。京都大学工学部卒業、建設コンサルタント会社勤務の後、神戸大学医学部医学科卒業。大阪府立精神医療センターなどを勤務の後、法務省宮川医療少年院、交野女子学院医務課長を経て、2016年より現職。児童精神科医として、困っている子どもたちの支援を教育・医療・心理・福祉の観点で行う「日本COG-TR学会」を主宰し、全国で教員向けに研修を行っている。著書に『性の問題行動をもつ子どものためのワークブック』『教室の困っている発達障害をもつ子どもの理解と認知的アプローチ』『NGから学ぶ 本気の伝え方』『感情をうまくコントロールするためのワークブック』『対人マナーを身につけるためのワークブック』（以上、明石書店）、『不器用な子どもたちへの認知作業トレーニング』『コグトレみる・きく・想像するための認知機能強化トレーニング』（以上、三輪書店）、『1日5分！教室で使えるコグトレ困っている子どもを支援する認知トレーニング122』『もっとコグトレさがし算60 初級・中級・上級』『1日5分教室で使える漢字コグトレ小学1〜6年生』『学校でできる！ 性の問題行動へのケア』（以上、東洋館出版社）、『ケーキの切れない非行少年たち』（新潮社）などがある。

執筆担当：第1章、第2章＝手がかり②、③、⑤、⑦

松浦直己（まつうら・なおみ）

三重大学教育学部特別支援教育講座特別支援（医学）教授、三重大学教育学部附属小学校 校長（併任）。学校教育学博士（兵庫教育大学大学院）。医学博士（兵庫医科大学大学院）。神戸大学教育学部卒業後、約15年間小学校教諭を経て現職。言語聴覚士、学校心理士、特別支援教育士スーパーバイザー、専門社会調査士。著作に『非行・犯罪心理学──学際的視座からの犯罪理解』（単著、明石書店、2015年）、『発達障害と思春期・青年期 生きにくさへの理解と支援』（分担執筆、橋本和明編著、明石書店、2009年）「第5章 危険因子からみた非行理解──発達的視点から少年非行をとらえる」、『犯罪学ハンドブック』（訳者、明石書店、2017年）、『犯罪学研究』（訳者、明石書店、2013年）がある。

執筆担当：第2章＝手がかり①、④、⑥

カバーイラスト・本文イラスト　今井ちひろ

教室の「困っている子ども」を支える7つの手がかり
──この子はどこでつまずいているのか？

2014年 2月25日　初版第1刷発行
2021年 1月30日　初版第7刷発行

著　者──────宮口幸治
　　　　　　　　松浦直己
発行者──────大江道雅
発行所──────株式会社　明石書店

〒101-0021　東京都千代田区外神田 6-9-5
電　話　03 (5818) 1171
ＦＡＸ　03 (5818) 1174
振　替　00100-7-24505
https://www.akashi.co.jp/

装　幀──────明石書店デザイン室
印刷製本所────モリモト印刷株式会社

（定価はカバーに表示してあります）　　　　　　ISBN 978-4-7503-3971-9

JCOPY〈出版者著作権管理機構　委託出版物〉
本書の無断複製は著作権法上での例外を除き禁じられています。複製される場合は、そのつど事前に、出版者著作権管理機構（電話 03-5244-5088、FAX 03-5244-5089、e-mail: info@jcopy.or.jp）の許諾を得てください。

自分でできるコグトレ
Cognitive Trainin

学校では教えてくれない
困っている子どもを支える
トレーニングシリーズ

宮口幸治【著／編著】
◎B5判変型／並製／◎各巻 1,800円

① **学びの土台を作る**
　ためのワークブック

② **感情をうまくコントロールする**
　ためのワークブック

③ **うまく問題を解決する**
　ためのワークブック

④ **正しく自分に気づく**
　ためのワークブック

⑤ **対人マナーを身につける**
　ためのワークブック

⑥ **身体をうまく使える**
　ためのワークブック

〈価格は本体価格です〉

イラスト版 子どもの認知行動療法

《6～12歳の子ども対象 セルフヘルプ用ガイドブック》

子どもによく見られる問題をテーマとして、子どもが自分の状態をどのように受け止めればよいのか、ユーモアあふれるたとえを用いて、子どもの目線で語っています。問題への対処方法も、世界的に注目を集める認知行動療法に基づき、親しみやすいイラストと文章でわかりやすく紹介。絵本のように楽しく読み進めながら、すぐに実行に移せる実践的技法が満載のシリーズです。保護者、教師、セラピスト、必読の書。

① だいじょうぶ 自分でできる 心配の追いはらい方ワークブック
② だいじょうぶ 自分でできる 怒りの消火法ワークブック
③ だいじょうぶ 自分でできる こだわり頭[強迫性障害]のほぐし方ワークブック
④ だいじょうぶ 自分でできる 後ろ向きな考えの飛びこえ方ワークブック
⑤ だいじょうぶ 自分でできる 眠れない夜とさよならする方法ワークブック
⑥ だいじょうぶ 自分でできる 悪いくせのカギのはずし方ワークブック
⑦ だいじょうぶ 自分でできる 嫉妬の操縦法ワークブック
⑧ だいじょうぶ 自分でできる 失敗の乗りこえ方ワークブック
⑨ だいじょうぶ 自分でできる はずかしい![社交不安]から抜け出す方法ワークブック
⑩ だいじょうぶ 自分でできる 親と離れて飛び立つ方法ワークブック

著：①～⑥ ドーン・ヒューブナー　⑦～⑨ ジャクリーン・B・トーナー、クレア・A・B・フリーランド
　　⑩ クリステン・ラベリー、シルビア・シュナイダー
絵：①～⑥ ボニー・マシューズ　⑦ デヴィッド・トンプソン　⑧～⑩ ジャネット・マクドネル
訳：上田勢子

B5判変型　◎1500円

〈価格は本体価格です〉

教室の困っている発達障害をもつ子どもの理解と認知的アプローチ——非行少年の支援から学ぶ学校支援

宮口幸治 著

B5判／並製／120頁 ◎1800円

長く医療少年院で矯正教育に関わってきた著者は、そこで出会う少年少女と学校現場で様々な困難を抱える子どもたちに共通の特徴、課題を発見する。医療少年院で実践し効果が得られた視点を通して教室で困っている子どもたちへの支援のヒントを解説。

● 内容構成 ●

Part 1 障害をもった非行少年の特徴と学校で困っている子どもの背景
1. 何が問題になっていたのか
2. 認知機能の弱さ
3. 感情統制の弱さ
4. 融通の利かなさ
5. 不適切な自己評価
6. 対人スキルの乏しさ
7. 身体的不器用さ
8. 性の問題行動
9. 生育環境の問題と支援者の誤解

Part 2 具体的支援と学校教育との連携
1. 非行少年たちが変わるとき
2. 社会面への支援
3. 学習面への支援
4. 身体面への支援
5. 家庭への支援
6. 支援者支援

NGから学ぶ本気の伝え方——あなたも子どものやる気を引き出せる!

宮口幸治、田中繁富 著

四六判／並製／160頁 ◎1400円

心理的に気持ちを落ち込ませる、勉強への意欲をそぐ、保護者の養育意欲を失わせるといった3つの場面毎に30のテーマを設定し、なぜその言葉かけや指導が不適切なのか、ではどのようにしたら良いのかをイラストと4コマ漫画で分かりやすく解説。

● 内容構成 ●

本書のねらい
第1章 心理編 心理的に気持ちを落ち込ませるNG
　コラム① 「大阪城を建てたのは大工さん」は正しい?
第2章 勉強編（一般）勉強へのやる気をなくさせるNG
　コラム② 2＋1＝1になる?
第3章 勉強編（教科別）
　コラム③ 分数の意味を分かっている数学者はいない?
第3章 保護者編 保護者の養育意欲を失わせるNG

〈価格は本体価格です〉

3000万語の格差
赤ちゃんの脳をつくる、親と保育者の話しかけ
ダナ・サスキンド著　掛札逸美訳　高山静子解説
◎1800円

応用行動分析学
ジョン・O・クーパー、ティモシー・E・ヘロン、ウイリアム・L・ヒューワード著　中野良顯訳
◎18000円

家庭で育む しなやかマインドセット
能力や素質を成長させるシンプルなシステム
メアリー・ケイ・リッチ、マーガレット・リー著　上田勢子訳
◎2000円

ポジティブ生徒指導・予防的学級経営ガイドブック
いじめ、不登校、学級崩壊を予防する問題解決アプローチ
ブランディ・シモンセンほか著　宇田光、西口利文監訳
◎2700円

エピソードで学ぶ 子どもの発達と保護者支援
発達障害・家族システム・障害受容から考える
玉井邦夫著
◎1600円

家庭や地域における発達障害のある子へのポジティブ行動支援PTR-F
子どもの問題行動を改善する家族支援ガイド
グレン・ダンラップほか著　神山努、庭山和貴監訳
◎2800円

神経発達症（発達障害）と思春期・青年期
「受容と共感」から「傾聴と共有へ」
古荘純一編　古荘純一、磯崎祐介著
◎2200円

家庭・社会生活のためのABA指導プログラム
親と教師が今日からできる特別なニーズをもつ子どもの身辺自立から問題行動への対処まで
ブルース・L・ベイカー、アラン・J・ブライトマン著　井上雅彦監訳
◎2400円

ワークで学ぶ 子ども家庭支援の包括的アセスメント
要保護・要支援・社会的養護児童の適切な支援のために
増沢高著
◎2400円

発達心理学ガイドブック
子どもの発達理解のために
マーガレット・ハリス、ガート・ウェスターマン著　小山正、松下淑訳
◎4500円

発達とレジリエンス
暮らしに宿る魔法の力
アン・マステン著　上山眞知子、J.F.モリス訳
◎3600円

うつと不安のマインドフルネス・セルフヘルプブック
人生を積極的に生きるためのDBT（弁証法的行動療法）入門
トーマス・マーラ著　永田利彦監訳　坂本律訳
◎2800円

不安・恐れ・心配から自由になる マインドフルネス・ワークブック
豊かな人生を築くためのアクセプタンス&コミットメント・セラピー（ACT）
ジョン・P・フォーサイス、ゲオルグ・H・アイファート著　熊野宏昭ほか監修
◎3000円

子どもの感情表現ワークブック
考える力、感じる力、行動する力を伸ばす
渡辺弥生編著
◎2000円

医療・保健・福祉・心理専門職のためのアセスメント技術を高めるハンドブック 第2版
ケースレポートの方法からケース検討会議の技術まで
近藤直司著
◎2000円

医療・保健・福祉・心理専門職のためのアセスメント技術を深めるハンドブック
精神力動的な視点から実践に活かすために
近藤直司著
◎2000円

〈価格は本体価格です〉

非行・犯罪心理学 学際的視座からの犯罪理解
松浦直己著 ◎2600円

犯罪学ハンドブック
アンソニー・ウォルシュ著 松浦直己訳 ◎20000円

犯罪学研究 社会学・心理学・遺伝学からのアプローチ
パー-オロフ・H・ウィクストラム、ロバート・J・サンプソン編 松浦直己訳 ◎6000円

ケースで学ぶ 司法犯罪心理学 発達・福祉・コミュニティの視点から
熊上崇著 ◎2400円

性の問題行動をもつ子どものためのワークブック 発達障害・知的障害のある児童・青年の理解と支援
宮口幸治・川上ちひろ著 ◎2000円

子どもの性的問題行動に対する治療介入 保護者と取り組むバウンダリー・プロジェクトによる支援の実際
エリアナ・ギル、ジェニファー・ショウ著 井出智博、上村宏樹訳 高岸幸弘監訳 ◎2700円

学校現場で役立つ 問題解決型ケース会議 活用ハンドブック チームで子どもの問題に取り組むために
馬場幸子編著 ◎2200円

いじめの罠にさようなら クラスで取り組むワークブック 安全な学校をつくるための子ども間暴力防止プログラム
キャロル・グレイ、ジュディ・ウィリアムズ著 田中康雄監修 小川真弓訳 ◎1500円

フィンランドの子どもを支える学校環境と心の健康 子どもにとって大切なことは何か
松本真理子、ソイリ・ケスキネン編著 ◎2000円

子どもの育ちをひらく 親と支援者ができる少しばかりのこと
牧真吉著 ◎1800円

世界の学校心理学事典
シェーン・R・ジマーソン、トーマス・D・オークランド、ピーター・ファレル編 石隈利紀、松本真理子、飯田順子監訳 ◎18000円

知的障害・発達障害のある子どもの面接ハンドブック
アン・クリスティン・セーデルボリほか著 仲真紀子、山本恒雄監訳 リンデル佐藤良子訳 ◎2000円

子ども・家族支援に役立つ面接の技とコツ 〈仕掛ける・さぐる・引き出す・支える・紡ぐ〉児童福祉臨床
宮井研治編 ◎2200円

発達相談と新版K式発達検査 子ども・家族支援に役立つ知恵と工夫
大島剛、川畑隆、伏見真里子、笹川宏樹、梁川惠、衣斐哲臣、菅野道英、宮井研治、大谷多加志、長嶋宏美著 ◎2400円

小学生 学習が気になる子どもを支える 心の発達支援シリーズ3
野邑健二永田雅子松本真理子監修 福元理英編著 ◎2000円

やさしくわかる社会的養護シリーズ[全7巻]
相澤仁責任編集 ◎各巻2400円

犯罪・虐待被害が疑われる子どもから話を聴く技術

〈価格は本体価格です〉